사극으로 읽는 한국사

역사를
드라마로 배운
당신에게

사극으로 읽는
한국사

외우느라 힘들었던 역사가 재미있게 이해된다

이성주 지음

애플북스

　2005년도로 기억한다. 기자 생활을 하던 당시 드라마 제작 현장을 뛰어다니곤 했다. 필자가 맡았던 취재처는 주로 KBS 〈불멸의 이순신〉을 찍던 나주 세트장과 MBC 〈신돈〉을 찍던 용인 세트장이었다. 가끔 KBS 수원 드라마 센터로 가 〈서울, 1945〉 취재현장을 스케치했던 기억이 아직도 난다. 특히 〈서울, 1945〉 마지막 녹화 직전 리허설을 관람했던 일은 10여 년이 흐른 지금까지도 생생하게 떠오른다. 문정관으로 분한 김영철 씨가 마지막에 자결할 때 내뱉었던 대사를 되씹어 보곤 한다.

　"난 내 꿈대로 살았다. 내 한평생 후회는 없어. 다시 그 시절이 온다 해도 난 이 길을 택할 것이야. 일본은 나에게 꿈을 주었다. 용기를 주었다. 기적을 이룰 수 있는 기회를 주었다. 대체 실체도 없는 조국이라는 것이 무엇이냐? 조선이라는 허명이 나에게 밥 한술을 떠먹여 주었느냐?"

　요즘 회자되는 생계형 친일이라고 해야 할까? 아니, 극 중에서 문정관의 행동은 생계형 친일을 넘어 말 그대로 매국노라 불러도 손색이 없을 정도였다. 그럼에도 그가 현장에서 죽음 직전 마지막으로 읊조렸던 대사를 들었을 때는 그 역시 일제강점기에 생계를 위해, 야망을 위해 온몸을 내던진 그저 한 사람의 인간이었을지도 모른다라는 생각이 들었다. 스토리의 힘이다. 오해할까 봐 미리 말해두지만 친일파에 대한 동정도 이해도 아니다. 그때까지 믿어왔던 것들에 대한 환기(喚起)며 재조명이었다.

그 무렵이었던 걸로 기억한다. 사극을 통해 조선왕조 오백 년을 훑어보자는 기획기사 계획서를 편집국장에게 올렸다. 계산해보니 조선왕조 오백 년을 거쳐 간 27명의 왕들을 한 번씩은 다 언급할 수 있는 영상물이 이미 존재하고 있었기 때문이다. 1980년대 공전의 히트를 쳤던 신봉승 선생의 〈조선왕조 오백 년〉 시리즈가 있었고, 이환경 작가의 〈용의 눈물〉도 있었다. 자료를 더 뒤져보니 일일극과 영화까지 합치면 27명 왕들의 이야기를 너끈히 할 수 있을 듯했다.

단순한 아이디어는 뼈대가 됐고 시간이 흐를수록 살이 붙고 핏줄을 심을 수 있었다. 하지만 안타깝게도 개인적인 사정 때문에 회사를 퇴사해야 했고, 기획은 흐지부지 사라졌다. 그리고 이 기획은 초반 2~3회 분량만이 시험적으로 인터넷에 올라간 것에서 멈춰버렸다. 이후 시간이 날 때마다 어떻게든 이 기획을 살려볼까 여러 번 고민했지만, 그러고도 시간이 너무 많이 흘러버렸다. 일상의 바쁨과 천성의 게으름 덕분에 차일피일 미루다 어느덧 10년이 훌쩍 지났다.

그러던 어느 날 대교에서 연락이 왔다. 〈미즈코치〉란 교육 잡지(현재는 〈공부 레시피〉로 제호가 바뀌었다)에서 사극으로 역사를 공부하는 콘텐츠를 기획했다는 것이었다. 돌고 돌아 이 기획이 나한테 다시 온 것이다. 연재 청탁을 받고 선선히 고개를 끄덕였다. 10여 년 전 한참 열심히 고민했던 기획기사를 이런 식으로 다시 쓰게 될 줄은 생각조차 못 했다. 하지만 너무 오래된 드라마는 일반 독자의 기억 속에서 이미 사라졌기 때문에 목록부터 다시 만들어야 했다.

역사는 재미없고 어렵다란 통념을 깨버린 게 영화와 드라마다. 스토리의 힘은 기운이 세고, 재미있다. 이 재미에 힘을 보탠 게 사극이다. 물론, 재미를 위해 역사를 오독하고 왜곡하는 경우도 있지만 오차 범위 안쪽이라는 게 내 판단이다. 어렵다고 외면하는 역사를 이렇게 쉽고 재미있게 전해주는 콘텐츠가 또 어디 있겠는가. 아예 외면하는 것보다는 이렇게라도 관심을 불러일으키는 게 역사를 이해하기 위해서 좋지 않을까? 역사 공부를 시작하기 위한 재료로 사극은 더 없이 좋은 교재다.

그렇다면 이 책은 뭘까? 역사 입문 해설서 정도라 이름 붙여도 될까? 드라마나 영화에서 스쳐 지나가듯 나오는 역사적 배경이나, 시청자가 미처 알아채지 못한 소소한 물건, 배경 인물을 통하여 그 역사의 뒷이야기를 설명해주는 책이라 할 수 있겠다. 많은 독자들과 시청자들이 이 책을 통해 드라마나 영화에서 접했던 역사를 좀 더 깊고 풍부하게 알아갈 수 있었으면 좋겠다.

대전에서 이성주

차례

저자의 말 5

1부
─────────────────────────────

제도 속 인물

황후도 노비도 되는 파란만장 공녀의 삶 15
〈기황후〉

과거시험에 목숨을 걸어야 했던 양반 27
〈밤을 걷는 선비〉

왕자는 누구랑 놀았을까? 35
〈해를 품은 달〉

내시의 은밀한 권력과 욕망 43
〈구르미 그린 달빛〉

대립군이 지킨 나라 55
〈대립군〉

홍길동은 의적인가, 악당인가? 63
〈역적: 백성을 훔친 도적〉

2부

관습과 제도

억울한 죽음이 없도록 하라 73
〈조선명탐정 : 사라진 놉의 딸〉

왕들의 목욕을 보여주다 83
〈음란서생〉

조선 시대 관상의 정점, 중전 간택 91
〈왕의 얼굴〉

바보야 문제는 부동산이야!! 101
〈정도전〉

이순신 장군을 천거했던 홀대받은 영웅 111
〈징비록〉

감옥은 그때나 지금이나 힘들다 121
〈옥중화〉

조선, 쇄국의 길을 걷게 되다 131
〈조선총잡이〉

3부
<hr>

왕실 이야기

능력 있는 야심가 이방원 145
〈육룡이 나르샤〉

임금의 호칭 속에 담긴 비밀 153
〈간신〉

결혼은 권력을 얻는 가장 손쉬운 방법 165
〈사도〉

새로운 조선을 꿈꾼 강인한 여성 강빈 175
〈삼총사〉

왕의 수명은 곧 권력의 수명 189
〈대박〉

비운이란 단어만으로는 부족했던 삶 197
〈덕혜옹주〉

4부

생활문화사

광해군이 궁궐에 집착한 이유 207
〈화정〉

임진왜란은 도자기 전쟁이었다 217
〈불멸의 이순신〉

선비의 영원한 친구 붓 227
〈관상〉

우리는 정말 백의민족이었을까? 235
〈상의원〉

가까이하기엔 너무 먼 그대 245
〈영원한 제국〉

대동여지도 탄생의 비밀 253
〈고산자, 대동여지도〉

기황후

밤을 걷는 선비

해를 품은 달

구르미 그린 달빛

대립군

역적 : 백성을 훔친 도적

1부
제도 속 인물

역사를
드라마로 배운
당신에게

기황후

줄거리

고려 말 원나라에 공녀로 끌려갔다 황비 자리에까지 오른 기황후의 일
대기를 그린 작품이다.

특기사항

방영 내내 역사 왜곡이란 논란에서 자유로울 순 없었지만, 고려 시절
몽골과 고려의 외교 관계를 단편적으로나마 확인할 수 있었다는 건 의
미가 있다.

방영일 : 2013년 10월 28일~2014년 4월 29일
방송사 : MBC

황후도 노비도 되는
파란만장 공녀의 삶 。

기황후는 은행나무 빛 얼굴에 복숭아 같은 두 뺨,

버들가지처럼 한들한들한 허리로 궁중을 하늘하늘 걸었다.

— 양윤부의 〈원궁사〉 중 발췌

하지원 주연의 드라마 〈기황후〉를 통해 일반인들도 '공녀(貢女)'의
존재에 대해 알게 되었다. 드라마 속 기황후가 역사 왜곡을 넘어 SF
판타지로 달려가긴 했지만, 고려 시대에 공녀란 존재가 엄연히 있었
고 이 공녀가 원나라 황실로 진출, 황제 눈에 들어 비빈(妃嬪)에 봉해
져 권세 가도를 달린 역사는 분명히 존재했다(덕분에 이 비빈의 부친이나
오빠가 황친皇親으로 행세하기도 했다).

여기서 드는 의문이 공녀가 고려 시대에만 존재했느냐는 문제다.

40년간 대몽항쟁을 하며 버틴 고려가 마지막에 몽고에 무릎을 꿇고 고려의 여인들을 몽고에 바쳤다는 것이 일반인들이 알고 있는 역사지만, 안타깝게도 공녀의 역사는 꽤 오래전부터 있어왔다.

> 3월에 왕이 당나라에 사신을 보내 미녀 두 명을 바쳤다.
>
> —《삼국사기》 성덕왕 22년, 723년의 기록 중 발췌

이렇듯 신라 시대에도 당나라에 여인을 바쳤다는 기록이 있다. 그럼 공녀를 마지막으로 보낸 것은 언제일까? 조선 시대 효종 때까지 공녀의 진상은 이어졌다. 우리 민족 최고의 성군인 세종대왕 시절에도 명나라에 공녀를 보내야 했던 것이다. 당시 기록을 보면 참담하기 이를 데 없다.

> 임금이 말하기를,
> "어제 처녀들이 갈 적에 어미와 자식이 서로 이별하게 되니 그 원통한 것은 이루 말할 수 없었다. 그러나 이 일은 국내의 이해에만 관계되는 것이 아니라 외국에 관계되어 조정 신하들의 비교가 아니므로 간할 수도 없고 다만 영(令)만 따를 뿐이다. 만약 일이 본국의 이해에 관계된다면 마지못하여 주달했을 것이다."
>
> —《조선왕조실록》 세종 9년, 1427년 7월 21일의 기록 중 발췌

조선 개국 후 태종 8년부터 시작해 세종 12년까지 20여 년간 총

7차례 114명의 공녀가 명나라로 끌려갔는데, 이때 명나라 사신들이 직접 여인들의 미색을 검사하고 미색이 못 미치는 여인들을 타박하기도 했다고 한다. 당시 딸 가진 부모들은 자신의 자녀가 공녀로 차출되지 못하도록 빨리 시집보내거나 못생기게 보이게 얼굴에 재를 바르거나 혹은 병이 든 것처럼 행동하게 했다.

세종대왕은 이런 공녀의 폐단을 없애기 위해 명주나 인삼 등 다른 공물을 더 보내는 조건으로 처녀 조공을 진상품 목록에서 뺐는데, 세종대왕이 죽은 후 슬그머니 공녀를 다시 요구하자 조선은 이를 받아들일 수밖에 없었다.

치욕적이고도 뼈아픈 공녀의 역사

다시 원점으로 돌아가 보자. 우리 민족의 역사에서 공녀가 공식적으로 정례화된 시기는 언제일까? 역사적으로 공녀란 이름이 등장한 시점은 고려 충렬왕 1년(1275년)이다. 충렬왕 1년에 10명의 공녀를 보낸 것을 시작으로 공민왕 때까지 80여 년 동안 총 44회, 170명의 여인이 원나라로 끌려갔다. 그 뒤 조선이 개국한 뒤로도 이런 정책은 계승되어 명·청 왕조가 지속되는 동안 공식적으로 9회, 146명을 진상하였다. 문제는 공식적인 절차가 아닌 비공식적인 절차 즉, 중국 왕조의 유력자들이나 사신들의 요구에 의해 끌려간 여인들의 숫자가 공식적인 숫자의 수십 배에 이르렀다는 점이다. 여기에 방점을 찍은 것이 두 차례에 걸친 호란(정묘호란, 병자호란)이다.

우리가 흔히 알고 있는 '화냥년'이란 욕은 정묘와 병자, 두 번의 호란을 치르며 끌려간 조선 여인들이 고국으로 돌아온 뒤(속전贖錢을 내거나 도망쳐 온 경우) 꼬리표처럼 붙여진 욕이었다. 당시에는 이들을 환향녀(還鄉女)라 불렀다. 정묘와 병자 양 호란 사이에 비공식적으로 50만여 명의 여인이 청나라로 끌려갔다는 통계가 있다. 당시 청나라에 있어 조선의 여인들은 최우선으로 확보해야 할 주요한 인적자원이었다. 그 이유를 크게 3가지로 볼 수 있다.

첫째, 사업 아이템

정묘, 병자호란은 거창한 명분 논리 이전에 궁핍해진 청나라의 살림을 챙기기 위한 일종의 경제 전쟁이었다. 이 중에서 공녀로 끌려간 사대부가나 왕족의 여인들은 부르는 게 값인 최고의 상품이었다.

둘째, 인력 부족

후금(청나라)의 군사력은 대단해 보였지만 늘 인력 부족에 시달리고 있었다. 생산력이 부족했기에 명나라와 충돌하기 이전에는 무순성에서 물자를 구입해야 했고, 후금이 무순성을 함락시킨 이후에는 이마저도 끊겼다. 만성적인 인력 부족과 물자 부족 상황에서 후금은 생산력을 담보할 수 있는 노예 확보에 열을 올렸다.

셋째, 조선 여인의 우수성

한민족의 여인들은 미색이 뛰어나고 손재주가 좋아 중원세력이 앞다투어 찾던 존재들이었다.

이렇듯 수탈의 대상이 돼야 했던 한민족의 여인들이 본격적으로 중원세력의 표적이 됐던 건 언제부터였을까? 역사적으로 보자면 원나라 때부터였다. 공녀가 처음으로 끌려갔을 당시 몽고는 귀순병의 배우자를 마련해주기 위한 '귀순병 위무책'을 명분으로 내세웠다. 당시 몽고에는 항복한 병사들이 수십만 명이나 있었는데 이들을 배려해주기 위해 공녀들을 차출해갔다는 것이다. 단순히 여자가 필요하다는 말이었으나 이건 어디까지나 표면적인 이유일 뿐 강대국이 약소국의 반란 의지를 꺾어버리기 위한 고도의 술수였다.

그러나 이런 술수는 역으로 몽고 사회, 더 나아가 중원 사회를 변화시켰다. 바로 고려양(高麗樣)의 등장 때문이다. 지금으로 치자면 한류열풍이라고 해야 할까? 공녀로 중원 땅을 밟은 한민족 여성들이 중원 사회에 고려의 풍속을 퍼뜨리기 시작했다. 여기에는 기황후로 대표되는 성공한 공녀들의 위세도 한몫 거들었지만, 기본적으로 한민족 여성의 우수성과 야무진 손재주, 어떤 상황에서도 꺾이지 않는 강인한 정신력이 그 밑바탕이 돼주었다.

당시 고려에서 끌려간 공녀들은 대부분 황실과 고관대작의 집으로 갔는데(여기서 쫓겨난 이들은 기녀로 팔려나갔다), 이들은 원나라 황실과 고위공직자들에게 고려 만두, 고려 떡, 고려 아청(高麗鴉靑 : 검은색을 띤 푸른빛) 등을 유행시켰다. 음식뿐만 아니라 신발, 옷, 모자 등 의복에도 많은 영향을 끼쳤다. 당시 몽고에서는 고려 여인을 거느렸는가, 거느리지 않았는가를 가지고 그 위세를 확인했다는 말이 돌았을 정도였다.

고려 여인들의 인기는 왜 이렇게 높았던 것일까?

고려의 여인들은 기본적으로 미색을 갖췄고 손재주는 물론 음식 솜씨 또한 뛰어났다. 거기에 더해 강단 있고 지조가 있어 당시 몽고 사람들의 마음을 사로잡았다. 특히 손재주와 음식 솜씨는 여타 다른 민족 여인들의 그것을 뛰어넘었는데 어린 시절부터 옷감을 짜고, 수를 놓는 걸 여성의 기본소양으로 가르쳤기 때문이다. 거기에 한민족 특유의 손재주까지 더해지면서 다른 민족의 여인과는 차원이 다른 재능을 보여주었던 것이다. 더욱더 대단한 것은 모든 고려 여성들이 이런 재주를 기본적으로 다 갖추고 있었다는 점이다. 미색을 취하기 위해 고려 여인들을 데려왔는데 알고 보니 옷도 잘 짓고, 음식도 잘하고, 생활력도 강했으니 고려 여인의 인기는 하늘을 치솟을 수밖에 없었다.

고려 여인의 이런 손재주는 왕조가 교체된 후에도 계속해서 이어졌다. 조선 초기 명나라에 헌납된 공녀들의 수와 그 구성원을 보면 처녀 16명, 여종 48명, 집찬녀 42명, 가무녀 8명으로 나와 있다(태종 시절부터 세종 때까지 끌려간 114명의 공녀를 기준으로 했다). 여기서 눈여겨봐야 할 것이 바로 집찬녀(執饌女)란 항목이다. 한자 그대로 풀이하면 음식을 만드는 여인이다. 몽고 시절부터 이미 고려 여인의 음식 솜씨가 널리 알려졌는데 그 유명세가 명나라 때까지 이어진 것이다. 이런 연유로 명나라 황실과 고관들은 조선 여인들을 찾았고, 덕분에 조선 시대에도 기황후 못지않게 성공을 거둔 공녀가 있었으니 바로 청주 한씨 한확(韓確)의 누나인 한규란(韓珪蘭)과 여동생인 한계란(韓桂蘭)이 그들이다.

　명나라 황제 영락제(永樂帝)는 조선의 세조와 비슷한 전차로 황제 자리에 올랐는데 바로 조카를 죽이고 황제 자리에 올랐던 것이다. 따라서 그 성격이 어떠했을지 미루어 짐작할 수 있을 것이다. 이런 영락제에게 바쳐진 여인이 바로 한규란이다. 50년이 넘는 나이 차이에 불 같은 성격의 영락제! 그러나 이런 영락제도 한규란에게만큼은 봄눈처럼 녹았다. 덕분에 신이 난 건 한확이었다. 조선 초 대명 외교의 선봉에 서서 조선과 명나라 사이의 외교현안을 술술 풀어낸 한확의 활약상 뒤에는 누나 한규란이 있었다. 누나가 공녀로 끌려가기 전까지만 해도 끼니 걱정을 해야 했던 한확은 누나를 공녀로 보내고부터는 승승장구했다. 나중엔 자신의 막내딸을 수양대군(首陽大君)의 맏아들에게 시집보낼 정도까지 된다(이 막내딸이 바로 인수대비(仁粹大妃)다).

　그러나 한규란의 마지막은 불행 그 자체였다. 영락제가 죽자 스물넷에 산채로 순장을 당했던 것이다. 이런 사실을 알았던 것으로 추정되는 한확은 그럼에도 불구하고 자신의 여동생 한계란을 또다시 영락제의 손자이자 명나라 5대 황제에 오른 선덕제(宣德帝)에게 보낸다. 그 덕분에 한확의 위세는 굳건하게 이어질 수 있었다. 당시 한계란은 공녀로 뽑히자 병에 들어 자리보전을 했는데 한확이 직접 약까지 지어 병문안을 가게 된다. 이 약을 본 한계란은 "누이 하나를 팔아 이미 부귀가 지극하신데 이 약을 또 무엇에 쓰려 합니까"라며 분노했다고 한다. 또한 시집갈 때 쓰려고 준비해두었던 옷감을 찢어버리고, 패물은 주변 친척들에게 모두 나눠준 뒤 공녀로 끌려갔다는 이야기가 전해진다. 이 이야기를 통해서도 알 수 있듯 한확은 누이를 팔아 부귀영화를 누렸던 것이다.

이 한씨 집안의 두 자매 이야기를 통해 당시 명나라가 어째서 공녀를 요구했는지 확인할 수 있는데, 조선의 경우에는 궁녀가 가장 많았던 조선 후기(영조 치세 전후)에도 궁녀의 숫자가 6백 명을 넘지 않았지만, 중국은 1만 명을 넘어서는 게 예사였다. 이 1만 명의 궁녀 숫자를 채우는 것도 일이었지만 황제가 죽고 난 뒤 궁녀를 내보낼 때(혹은 순장시킬 때) 평균적으로 3천 명 내외의 궁녀를 교체해야 했기에 늘 젊은 여인이 필요했던 것이다. 그렇기에 주변 번국(藩國 : 제후의 나라)에 끊임없이 궁녀를 요청했다. 한마디로 힘없는 나라의 설움이라 할 수 있겠다.

중국의 조정에 진출한 조선의 환관

기왕 〈기황후〉에 관한 이야기를 했으니 하지원 옆에 찰싹 붙어 있던 이원종(독만 역)에 관한 이야기도 하고 넘어가야겠다. 원나라 시절뿐만 아니라 명나라 때에도 많은 조선인 화자(火者 : 고자)가 중원으로 끌려갔다. 공녀는 역사의 전면에서 많이 다뤄졌지만, 조선인 화자들에 대해서는 잘 알려져 있지 않다. 그런데 의외로 많은 화자들이 대륙으로 끌려갔다. 고려 말 원의 조정에 진출한 고려인 환관들은 본국 내정까지 간섭할 정도였고, 이런 전통(?)은 조선 시대까지 이어지게 된다(드라마 속 독만의 모습이 역사적 측면에서 옳다는 소리다). 대표적인 경우가 세종 시절 활약했던 윤봉(尹鳳)이란 자다.

조선 시대 명나라로 보낸 환관들은 대부분 조선의 내시들이었다. 이 내시들은 한민족 특유의 능력을 발휘해 곧 높은 자리에까지 오른 후 출신국 조선에 사신으로 오는 경우가 많았다. 윤봉도 이런 연유로 자주 조선에 사신으로 왔는데 자신을 멀고 먼 타지에 보냈다는 설움 때문인지, 아니면 조선에 있을 때 받은 멸시 때문인지 대놓고 조선 정부를 착취했다. 잠깐 당시의 기록을 보자.

> 윤봉과 박실이 안장(鞍粧)과 신[靴]·버선[襪] 등의 물품을 요구하고, 그 나머지의 세쇄(細碎)한 물건과 두목(頭目)들의 청구는 이루 기록할 수 없었는데 명하여 이를 다 주게 하였다.
>
> —《조선왕조실록》 세종 7년, 1425년 2월 15일의 기록 중 발췌

> 윤봉이 그의 삼대(三代)를 추증(追贈)해주기를 청하므로, 존중(存中)이 아뢰니, 이조(吏曹)에 내려 이를 의논하도록 명하였다. 얼마 뒤에 윤봉의 아버지 윤신(尹信)에게는 가정 대부(嘉靖大夫) 경창부 윤(慶昌府尹)으로 증직(贈職)하고, 조부 윤단(尹丹)에게는 통정 대부(通政大夫) 공조 참의로 증직하며, 증조(曾祖) 윤공재(尹公載)에게는 통훈 대부(通訓大夫) 판사재감사(判司宰監事)로 증직하였다.
>
> —《조선왕조실록》 세종 8년, 1426년 4월 8일의 기록 중 발췌

조선에 있었을 때는 그저 천한 내시에 불과했지만 명나라 황제의 칙서를 받든 칙사가 되자 이를 빌미로 윤봉은 자신의 재산을 불리는 건 물론, 자기 조상들에게 벼슬을 내리게 했고, 동생의 벼슬을 재상급으로 올리는 등 위세를 떨쳤다. 물론, 말년에 세종의 요청에 따라 조선이 명나라에 진상하던 진상품 중 금을 제외시켜주기도 했지만, 이는 어디까지나 거래에 의한 결과였다.

　　나라의 힘이 약해 강대국에 끌려갔던 공녀와 화자지만 이들은 한민족 특유의 정신력과 손재주로 대륙에서 인정을 받고, 그 안에서도 자신들 고유의 색깔을 맘껏 뽐냈다. 그러나 강인한 생명력과 재능 덕분에 이러한 역사는 오랫동안 지속되어 자신들뿐만 아니라 자신의 후세까지도 고통을 겪게 했으니, 이것이 역사의 아이러니일 것이다.

객첩(客妾)과 헌첩(獻妾)

에스키모들이 먼 길을 찾아온 손님에게 아내를 건네는 풍습이 회자된 적이 있다. 이들의 풍습이 미개하다고 말하지만, 그들이 미개하다면 조선 시대는 더 미개했다 할 수 있다. 에스키모의 풍습은 다양한 유전자 확보를 위한 불가피한 선택이라고 포장이라도 할 수 있지만 조선 시대 풍습 중에 덜 알려진 이야기 중 하나가 바로 객첩과 헌첩이란 제도다.

객첩이란 문자 그대로 풀어보면 나그네를 환대하기 위해 여자를 바친다는 의미다. 이때 동원된 여인들은 자신의 아내나 첩, 혹은 딸이었다. 헌첩이란 자신의 출세를 위해 자기 아내나 딸을 바치는 걸 의미한다. 이게 일부 지역만의 문제였다면 이야기가 다르겠지만 조선 시대에 꽤 광범위하게 퍼진 풍습이었다.

일례로 과거시험에 장원급제한 양반자제가 고향으로 돌아가는 길에 평균 10여 명의 객첩과 헌첩을 받았다고 한다. 더 놀라운 사실은 이렇게 바쳐진 여자는 상대방과의 하룻밤 이후 어떠한 보장도 받지 못하고 내쳐졌다는 것이다. 이런 상황에서 강대국에 여자를 바치는 것쯤 그리 큰 저항감이 없었을 것이다. 여자가 인간으로 존중받지 못하고 그저 남성들의 노리개였을 뿐이었던 슬픈 역사라 할 수 있다.

밤을 걷는 선비

줄거리

사람을 죽이려는 흡혈귀와 이를 막으려는 수호귀들의 대결을 그린 작품이다.

특기사항

조선 시대에는 정보의 유통을 국가가 독점하기 위해 일반인이 서점을 내는 걸 허가하지 않았다. 그 대안으로 책을 사고팔던 책쾌(册儈)라는 서적 중개상이 존재했다. 책쾌·책비(册婢)라는 독특한 직업에 대한 지식과 이해를 돕는다.

방영일 : 2015년 7월 8일~2015년 9월 10일
방송사 : MBC

과거시험에
목숨을 걸어야 했던 양반。

〈밤을 걷는 선비〉란 제목에서 주목해야 할 것이 '선비'란 단어다. 기본적으로 선비란 사대부(士大夫)를 의미하는 것으로 양반계층이어야만 가능했다. 간단하게 설명하자면 선비는 유교의 도를 실현하는 사람이다. 이들은 유교의 핵심 덕목인 '인(仁)'을 실천하기 위해서라면 목숨도 내놓는 존재들이었는데 그러기 위해서는 일단 학문을 닦아야 했다(뭘 알아야 목숨을 내놓아도 내놓지 않겠는가?). 이렇게 학문을 닦은 다음에는 이를 백성들과 나누기 위해서 정치 일선에 나섰는데 즉, 인을 기본으로 학문을 통해 덕을 쌓고, 이를 백성들과 나누기 위해 과거시험을 봤다는 것이다. 여기까지가 선비의 정의라 할 수 있겠다.

물론, 이런 이상적인 모습을 지닌 선비는 당시에도 많지는 않았다. 그들은 자신의 덕을 백성들과 나누기 위해 관직을 원했다기보다 어쩌다 보니 양반으로 태어났고, 태어났으니 자동적으로 과거시험에 매달릴 수밖에 없었다. 솔직히 말하자면 학식과 인품이 뛰어나지만 탁류(濁流)가 흐르는 현실정치 대신 오히려 자신의 고매한 이상향을 찾아 출세를 거부한 인물들을 진정한 선비로 보는 것이 맞겠지만, 조선 시대 선비 대부분은 과거시험에 목숨을 걸고 급제하기 위해 평생을 바친 인물들을 지칭하는 말이라는 게 더 옳다.

앞에서 말했듯이 선비란 양반계층에서만 나올 수밖에 없는 존재였고, 양반가에 태어난 이상 거의 모든(몇몇 역모 사건에 연루된 가문이나 몰락 양반이 아닌 이상) 양반 가문의 남자아이들은 과거시험에 매진해야만 했다.

양반 신분을 유지하기 위한 몸부림

조선 시대 과거시험은 양반들에게 있어서는 말 그대로 천국으로 가는 마지막 비상구 같은 존재였다. 고려 시대 귀족과 달리 조선 시대 양반은 자신의 존재가치를 끊임없이 증명해야 했다. 귀족의 경우는 세습적 신분계층이었기에 한 번 귀족은 영원한 귀족으로 대대손손 그 지위와 명예를 세습할 수 있었으나, 양반의 경우는 어디까지나 능력을 중시하였다. 양반 신분을 유지하기 위해서는 나름의 능력을 보여줘야 했는데 자신을 포함해 4대조 조상까지 벼슬한 관리가 없으면 양반 신분에서 탈락했기 때문이다. 그래서 양반은 목숨을 걸고 과거시험에 매달려야 했다. 이러다 보니 양반 가문에서 태어난 사내아이들은 거의 대부분 평생 과거시험에 목을 매고 살아야 했다.

일반적으로 사내아이가 다섯 살이 되면 과거시험 준비에 들어갔는데 기본적인 한자를 깨우치게 되면《동몽선습》(童蒙先習 : 당시《천자문千字文》을 뗀 아이들이 배우던 초급교재)과《통감절요》(通鑑節要 : 소미통감少微通鑑이라고도 하는데 역사서인《자치통감資治通鑑》의 약술서) 등의 기초서를 배운 다음 본격적으로 과거시험 준비에 들어간다(이때부터 본격적으로 사서삼경四書三經을 공부한다).

평균적으로 과거시험에 합격하기 위해서는 20~25년간 공부해야 했다. 다섯 살 때부터 공부를 시작했으니 과거시험에 합격하면 보통 30~35세가 되는 것이다. 조선 시대 평균 수명을 생각하면 평생을 바쳤다는 말 또한 과언이 아닐 것이다.

이렇게 고생해서 과거시험을 통과했다고 곧바로 관직에 진출할 수 있는 것도 아니었다. 조선 시대 관직은 총 5천여 개 정도가 있었고 이중 양반들이 원했던 문관 관료 자리는 5백여 개 정도였다. 즉, 과거시험은 이 5백여 개 자리를 차지하기 위한 자리 뺏기 싸움이었다 할 수 있다. 과거시험을 볼 때마다 33명의 합격자를(식년시 기준) 배출하다 보니 문관 관료 자리는 늘 포화상태였다. 이러다 보니 나온 것이 바로 산직(散職 : 직임이 없는 관료 자리)이나 무록관(無祿官 : 월급을 받지 못하는 자리)이 생겨났다. 과거시험 합격자라도 보직을 받지 못한 채 몇 년씩 임용되기를 기다리기도 했다.

이 정도 되면 어지간한 집안은 이미 파산 상태 직전까지 몰리게 된다. 최소 20년 이상 생계는 뒷전으로 하고 과거시험 공부에만 매달리니 경제 활동은 꿈도 못 꿀 뿐만 아니라 그사이 과거시험을 보기 위한 각종 비용까지 더해지니 어지간한 집안의 경제력으로는 감당하기 힘들었다. 운이 좋아 급제를 하더라도 발령 대기 상태로 몇 년을 보내다 보니 수입은 전무했다.

문제는 이뿐만이 아니었다. 이 모든 과정을 거쳐 현직 관리로 임명된다 하더라도 제대로 된 녹봉(祿俸 : 월급)을 받는 경우가 드물었다. 조정의 열악한 사정 덕분에 1년 중 제대로 녹봉을 받는 경우가 드물었기 때문이다(제대로 받는다 하더라도 만족할 만한 수준이 아니었다). 흉년이 들거나, 중국에서 사신이 방문하는 경우 그 비용을 염출하겠다며 툭하면 감록(減祿 : 녹봉을 줄이는 것)하니 말 그대로 벼룩의 간을 빼먹는 형국이었다. 이러다 보니 관리의 표상이라 할 수 있는 청백리(淸白吏)로 가는 길은 점점 더 멀어져만 갔고, 어느샌가 탐관오리에 가까운 모습으로 변해버릴 수밖에 없었다. 조선 시대 관리에게 유달리 청백리를 강조하고, 포상했던 이유가 바로 여기에 있다. 월급을 조금밖에 주지 못해 탐관오리로 변해가는 관리들을 다독이고 독려하기 위한 방편이었던 것이다.

과거시험에 목숨을 걸다

그렇다면 이런 과거시험의 덫을 피해갈 수 있는 방법은 없었을까? 가장 좋은 건 일찌감치 과거시험을 포기하는 것이지만 양반으로 태어난 이상 과거시험을 포기하는 것은 현실적으로 불가능했다. 그럼 차선책으로 선택할 수 있는 방법은 무엇이 있었을까? 바로 조기 급제였다. 너무나 당연한 말이지만 되도록 시험 준비 기간을 줄이기 위해서 어린 나이에 과거시험에 급제하는 것이다.

누군들 20년 이상 과거시험 공부를 하고 싶겠는가! 그러나 평균적으로 20년 이상 공부해야 합격할 수 있다지 않는가? 이 기간을 1~2년이라도 줄인다면 개인적으로나 가계 경제 면에서나 상당한 도움이 되지 않을 수 없었다.

그럼 조기에 과거시험에 합격한 이들은 얼마나 됐을까? 언제나 그렇지만 시대를 넘어서 천재들은 언제 어디서든 나오는 법이다. 조선왕조 오백 년 동안 최연소로 과거시험에 급제한 사람으로는 고종 3년(1866년) 별시문과(別試文科)에 병과로 급제한 이건창(李建昌)이 있다. 당시 나이가 열다섯 살로 조선왕조 역사상 최연소 급제자로 기록되어 있다. 그 뒤를 이은 것이 태종 5년(1405년)에 열여섯의 나이로 문과에 급제한 백두산 호랑이 김종서(金宗瑞)다. 3위를 차지한 인물은 선조 17년(1584년) 친시문과(親試文科)에 장원급제한 박호(朴箎)다. 이때 박호의 나이가 열일곱이었는데 아쉽게도 최연소 급제자란 타이틀은 놓쳤지만 대신 최연소 장원급제자라는 명예스러운 칭호를 얻게 된다.

그렇다면 최고령 급제자는 누구였을까? 바로 고종 시절 과거시험에 합격한 박문규(朴文逵)다. 어린 시절 학문에 재능을 보였으나 일찌감치 공부에 뜻을 접고 채소장사를 시작해 많은 돈을 벌었다. 하지만 너무 쉽게 번 돈이었기에 빠져나가는 것도 순식간이었다. 결국 나이 사십에 뜻한 바가 있어 다시 공부를 시작했는데 이는 과거시험 공부를 위한 공부가 아니라 자신의 취미 생활을 위한 공부였다. 이후 40여 년간 수만 편의 시를 외웠는데 특히 근체시(近體詩)에 대한 그의 식견은 타의 추종을 불허할 정도였고 그의 이름이 청나라까지 알려질 정도로 유명해졌다. 그러나 여기에 만족하지 않은 박문규는 어린 시절 접었던 과거시험에 대한 꿈을 다시 불태우게 된다. 이때 그의 나이가 여든둘이었다. 당시 과거시험에 나이 제한이 없었기에 가능했던 일이었다.

그리고 1년 뒤인 고종 24년(1887년) 그의 나이 여든셋 되던 해 박문규는 개성별시문과(開城別試文科)에 응시하게 된다. 그리고 당당히 합격한다(당시 시험성적이 신통치는 않았다. 과거시험은 1등부터 3등까지 갑과, 3등 이후부터 10등까지를 을과, 11등부터 마지막 33등까지를 병과로 분류했는데 박문규는 병과 급제자였다).

우리가 생각하는 선비란 고고하게 홀로 앉아 시나 읊고 거문고를 뜯을 것 같지만 대부분의 선비들은 과거시험에 목숨을 걸어야 했고, 나이 팔십이 넘어서도 과거시험에 도전하는 모습이 오늘날 고시생들과 다르지 않은 듯하다.

6예(禮)

선비란 흔히 책만 많이 읽은 '지식인' 혹은 '책상물림'이라 생각하
곤 하는데 전혀 아니다. 유교의 시조라 할 수 있는 공자는 선비가
되기 위한 교육과목으로 6예를 내세웠는데, 6예에는 예(禮), 악(樂),
사(射), 어(御), 서(書), 수(數) 등 6가지의 기예가 있다.

'예'는 국가에서 행하는 각종 의례를 포함한 인간관계에 있어 지켜
야 할 모든 예의를 뜻하고, '악'은 일반적인 음악뿐 아니라 국가 의
례에서 연주되는 음악을 의미하며, '사'와 '어'는 전차를 타고 활을
쏘는 것을 의미한다. '서'와 '수' 역시 글짓기와 산수를 뜻하는 것이
아니라 국가경영에 필요한 문서작성과 회계를 뜻한다. 이렇게 보면
선비는 예비 관료 후보군이었다 할 수 있다.

이 대목에서 우리가 살펴봐야 할 것이 '사'에 속하는 활쏘기다. 특
히 조선의 선비는 활쏘기에 특화된 모습을 보여줬는데 한반도에 존
재한 모든 국가의 기본 군사전략이 청야입보(淸野立保 : 들을 비우고 성
으로 들어가 지킨다) 전략이었기에 활쏘기는 수성전(守城戰)의 핵심이
라 하지 않을 수 없었다. 그래서 조선의 선비들은 활쏘기에도 능해
야 했다.

해를 품은 달

줄거리

조선 시대를 배경으로 '성조'라는 가상의 왕을 내세운 국무(國巫)에 관한 이야기다.

특기사항

조선 시대엔 궁중 무당 집단인 성수청(星宿廳)을 두었는데, 국가의 안녕이나 왕실의 안녕, 기우를 살피고 제를 올리는 역할을 했다. 지금까지 잘 알려지지 않았던 조선 시대 국무에 관한 소재가 흥미롭다.

방영일 : 2012년 1월 4일~2012년 3월 15일
방송사 : MBC

왕자는
누구랑 놀았을까?

　최근 3~4년 사이 극장가와 브라운관을 장악한 장르가 있으니, 바로 사극이다. 퓨전 사극이라는 개념이 이식되면서 고루함은 옅어지고 극 전개가 좀 더 경쾌하고 발랄해졌는데, 이때 빠지지 않고 등장하는 것이 왕자의 친구들이다. 덕분에 구중궁궐 깊은 곳에서 갇혀 지내야 했던 왕자가 언제부터인가 여염집 친구들과 어울리는 모습을 확인할 수 있게 되었다. 감히 왕의 얼굴도 똑바로 쳐다보지 못하는 것이 조선 시대의 법도인데 왕자가 일반인 친구를 사귄다는 게 말이 될까? 〈해를 품은 달〉과 같은 퓨전 사극을 보면 왕세자가 당연하다는 듯 일반인 친구를 사귄다(물론, 선생이라는 직책으로 인연이 시작되지만). 이건 드라마적인 허용일까? 아니면 실제 있었던 일일까?

　정답은 후자다. 조선 시대 왕자들은 일반인 친구들을 사귀었고, 실제로 왕자의 친구를 뽑기 위해 조정 대신들이 머리를 맞대고 고민했다. 잠깐 기록을 살펴보자.

오늘날의 급선무는 원량(元良)을 보양(輔養)하는 도리보다 더 큰 것은 없으니, 배동(陪童)에 이르러서도 역시 기필코 선택을 해야 하며 보모(保姆) 역시 양순(良順)한 이를 뽑아야 합니다.

— 《조선왕조실록》 정조 8년, 1784년 3월 12일의 기록 중 발췌

여기서 말하는 '원량'은 정조와 의빈 성씨 사이에서 태어난 문효세자(文孝世子)인데 안타깝게도 몇 년 뒤 홍역으로 죽게 된다. 여기서 주목해야 할 것이 바로 '배동(陪童)'이란 단어다. 그 뒤에 나오는 보모는 우리도 익히 알고 있는 단어지만, 배동이란 단어는 낯설 것이다. 배동은 바로 왕자의 친구를 뜻한다. 조선 시대 왕실에서는 왕자가 태어나면 보모를 뽑는 것은 기본이요, 왕자의 친구까지 살뜰히 챙겼음을 알 수 있다.

조선왕조의 왕세자 교육

왜 그랬던 것일까? 이야기는 중종 시절로 거슬러 올라간다. 연산군의 폭정을 종식시킨 중종반정(中宗反正) 이후 많은 신하들의 공통된 의견은 왕세자 교육을 잘못 시켰다가는 나라가 망할 수도 있다는 결

론이었다. 이는 중종반정을 이끌었던 훈구파(勳舊派 : 보수세력)나 조광조(趙光祖)를 주축으로 한 사림파(士林派 : 개혁세력) 모두의 일치된 견해였다. 역설적으로 연산군의 폭정 덕분에 조선왕조의 왕세자 교육은 체계화되었다 할 수 있다. 한 번 뜨거운 맛을 본 이후 교육의 중요성을 깨달은 것이다.

때마침 중종이 원자(元子 : 아직 세자에 책봉되지 않은 왕의 맏아들)를 낳고 보니 신하들의 마음은 더 급해질 수밖에 없었다. 중신들은 너나 할 거 없이 미래의 왕이 왕다운 인성을 가지길 원했고, 그러기 위해 어떤 식으로 교육시킬지 고민하지 않을 수 없었다. 이때 조광조(趙光祖)가 내놓은 아이디어가 바로 왕자에게 친구를 붙여주자는 생각이었다.

공부만 하다 보면 세상 물정을 모를 수 있고, 또래문화를 익히지 못해 사회성이 떨어질 수도 있다고 판단했다. 아울러 친구를 사귀다 보면 자연스럽게 인성교육이 될 것이라 생각했던 것이다.

노는 임무를 부여받은 아이들

연산군이 세자 시절 공부를 멀리하고 포악한 짓을 했다는 기록들을 살펴보면 관원들도 몹시 고민했던 듯하다. 부왕인 성종이 키우던 사슴이 연산군의 손등을 핥자 놀란 연산군이 사슴을 걷어찬 일이 있었다. 이를 본 성종이 연산군을 꾸짖자 연산군은 분을 못 이겨 했다. 그리고 연산군은 왕위에 오르자마자 제일 먼저 그 사슴을 활로 쏘아

죽였다. 어린 시절 인성교육의 중요성을 신하들에게 각인시켜준 에피소드다.

이 모든 걸 고려해 내놓은 처방인 '왕자의 친구' 만들기 계획은 일사천리로 진행된다. 한 가지 걸리는 부분은 왕자의 신분이었다. 왕자는 조선에서 가장 귀한 존재인 왕의 아들이다. 미래의 권력이 될지도 모르는 이 중요한 아이를 밖으로 내돌릴 수는 없지 않겠는가? 결국, 밖에 있는 아이들을 궁 안으로 들이는 쪽으로 결론이 났는데 문제는 어떤 아이들이냐는 것이다.

"존귀한 분들과 어울리려면 그에 걸맞는 학식과 성품을 가진 이들
로 가려 뽑아야 한다."

즉, 대신들의 자제 중 왕자와 비슷한 또래를 고르기로 결론을 내린다. 대신들이라면 신분도 확실하고 기본적인 가정교육과 소양교육도 받았을 것이므로 왕자와 어울릴 것이라 판단했던 것이다. 그렇다면 몇 명을 뽑았을까? 당시 신하들은 원자에게 최소한 3명의 친구를 붙여줘야 한다고 주장했다.

"한 명만 사귀면 원자의 친구 관계가 너무 좁아지기에 적어도 두 명
은 돼야 원자와 교대로 놀 수 있다. 그리고 한 명은 비번으로 대기하
고 있다가 같이 놀던 친구가 지치면 교대해서 원자와 놀아야 한다."

즉, 왕자는 두 명의 친구와 놀았는데 뒤에서 대기하고 있던 한 명의 예비 친구는 먼저 놀던 친구가 지치면 그 자리에 들어와 대신 임무를 수행했던 것이다. 상당히 세밀한 구상이라 할 수 있다. 이들은 한 달에 두 번 정도 궐에 들어와 원자와 놀아줬는데 이렇게 왕자와 노는 임무를 부여받은 아이들이 배동이다.

재미난 건 이들의 신분인데 명목상으론 왕자의 친구지만 실질적으로 보면 공무원이라고 보는 것이 맞을 것이다. 당시의 기록을 보면 호조에서 이들 배동들에게 교통비 조로 약간의 비용을 정산했음을 알 수 있다. 냉정하게 말하면 돈을 받고 왕자와 놀아줬다 할 수 있다. 처음에는 왕자의 인성교육을 위해 시작된 배동은 그 규모가 점점 커져서 정조 시절이 되면 15명까지 늘어나게 된다.

노는 것도 공부의 한 방편이라 생각한 조상들의 선견지명이 돋보이는 제도라고 해야 할까? 놀이터에 친구들이 없어서 친구 사귀러 학원에 간다는 오늘날의 세태를 생각하면 한 번쯤 생각해봐야 할 대목이라 할 수 있겠다.

조선의 성교육

조선 시대에 왕자들의 교육을 위해 친구들까지 만들어주었던 걸
보면 의외라는 생각이 들 것이다. 같은 선상에서 조선 시대 교육은
우리가 생각하지 못했던 파격들이 존재했다. 대표적인 것이 성교육
이다.

조선 시대 서당에서의 일반적인 교육과정은 《천자문》이나 《명심보
감(明心寶鑑)》 같은 기초교육을 끝마친 학생들에게 유교의 기본 경
전이 되는 《논어(論語)》를 가르치게 된다. 사서삼경의 하나인 《논어》
는 공자님이 말씀하신 언행을 그 제자들이 기록한 것으로 일관되게
예(禮)를 강조한 책이다.

문제는 공자님의 말씀을 다 배운 학생들이 그다음에 배우는 것이
바로 '보정(保情)'이라는 과목인데, 한자 그대로 해석하면 '본성을
지킨다' 정도가 되겠다. 그럼 이 보정이란 과목은 어떤 과목일까?
본성을 지켜 몸가짐을 정갈히 하며, 지혜롭게 성생활을 하고, 절도
있게 성생활을 즐기라는 학문으로 오늘날로 치면 생리철학 과목에
해당된다 할 수 있겠다.

중국의 도가사상을 그대로 이어받은 것이 조선 시대 성(性) 상식
이었다. 그리고 이 성 상식을 기본으로 해서 나온 것이 조선의 성
교육인 보정이다. 보정에서 중점적으로 가르쳤던 것 중 하나가 바
로 '방중절도일'이다. 이십대의 경우는 3~4일에 한 번씩, 삼십대는
8~10일에 한 번씩. 사십대는 16일에서 한 달 사이에 한 번씩, 오십
대가 되면 한 달이나 석 달에 한 번씩, 육십대는 7달에 한 번씩 성
관계를 해야 하는데 육십대 이후에는 삽입은 하지만 방사를 해서는

안 된다고 가르쳤다.

서당에서 고루하게 유교 경전만 가르쳤을 것 같지만 조선 시대에는

서당에서 성교육도 시켰던 것이다.

구르미 그린 달빛

줄거리

조선 23대 임금 순조의 세자였던 효명세자(孝明世子)가 여장 내시이자
연애 카운슬러인 홍경래의 딸 홍라온과 사랑에 빠진다는 이야기다.

특기사항

조선 시대 궁에서 근무하던 내시의 생활을 흥미롭게 재연하였다. 특
히 내시들이 양성되는 과정, 일상생활, 역할, 신분 등이 역사적 고증
을 통해 생생하게 그려졌다.

방영일 : 2016년 8월 22일~10월 18일

방송사 : KBS

내시의 은밀한
권력과 욕망.

성공리에 종영된 드라마 〈구르미 그린 달빛〉 덕분에 내시에 관한 일반인들의 관심이 높아졌다. 사극에서 약방의 감초처럼 빠지지 않고 등장하는 내시는 일반 상식으로는 '성적 기능을 상실한 자' 정도로 알고 있지만, 내시의 역사는 꽤 깊고도 넓다.

우리가 알고 있기로 내시라 하면 이웃 중국이나 조선 정도에서만 존재했던 인물이라 생각할 테지만, 그 역사를 찾아보면 의외로 많은 나라에서 내시를 활용해왔음을 알 수 있다. 페르시아 제국, 고대 그리스, 로마 제국, 인도의 무굴 제국, 터키의 오스만 튀르크 제국, 이집트, 에티오피아, 이탈리아, 베트남에 이르기까지 꽤 많은 나라에 내시가 존재했다. 심지어 성경에도 내시가 등장하는데 구약성경 에스더 6장 2절을 보면 페르시아의 크세르크세스(Xerxes)가 부리던 두 명의 내시

빅다나(Bigthana)와 데레스(Teresh)란 이름이 나온다.

왕실 여인들의 정조를 지키기 위해

그렇다면 내시(內侍)란 말은 어디에서 유래했던 걸까? 기원전 1,300년 경 은나라 무정왕(武丁王) 시절 전쟁에서 포로로 잡은 강족(티벳족)의 성기를 자르고 환관으로 삼았다는 기록이 남아있다.

여기서 잠깐 내시와 환관(宦官)을 명확히 구분해보고자 한다. 우리가 일반적으로 알고 있는 내시는 곧 환관을 뜻한다. 성불구자로 궁궐 내에서 왕이나 황제를 보필하는 존재를 환관이라 불렀다. 그러다가 이 제도가 고려 시대로 건너갔고, 이를 그대로 이어받은 조선 시대에 내시란 말로 정착된 것이다.

왜 하필 내시였을까? 이는 내시부(內侍府)라는 조직에서 유래됐다. 내시부는 왕의 생활공간을 관리하는 곳으로 고려 시대만 하더라도 이곳에는 멀쩡한 남자들이 환관들보다 더 많았다. 이때까지만 하더라도 환관들은 제대로 된 직책을 받은 관리가 아니었다. 그러던 것이 고려 중기 이후 원나라의 영향을 받아 환관의 숫자가 비약적으로 늘어나게 된다. 그리고 조선 시대로 넘어가면서 환관은 내시란 이름으로 정착하게 된다. 동시에 내시부를 성적으로 불완전한 환관들로만 구성하게 된다.

여기서 생각해봐야 할 것이 고려 시대 내시와 조선 시대 내시의 차이다. 내시는 왕의 여자들 때문에 생겨난 존재다. 왕이 거느린 수많은 후궁들과 왕실 여인들의 정조를 지키기 위해서는, 그리고 여성들이 하기 힘든 일들을 처리하기 위해선 성적으로 거세된 남자가 필요했던 것이다. 필요에 의한 탄생이라고 해야 할까? 여기까지는 이해하는 데 어려움이 없을 것이다. 문제는 이 환관이란 존재가 정치적으로 득보다 실이 더 많았다는 것이다.

전 세계에서 환관 제도가 가장 발달한 나라는 어디였을까? 바로 중국이다. 중국은 엄청난 규모의 환관들을 운용했는데, 기록상으로 보자면 적게는 3천 명, 많은 경우에는 1만 3천 명의 환관을 운용했다는 기록이 전해지고 있다(심지어 10만 명의 환관이 있었다는 기록도 있다).

요즘 심심찮게 들을 수 있는 말이 '문고리 권력'이다. 권력자의 지근거리에서 권력자와 함께 생활하며 권력자의 수발을 드는 존재. 그런 와중에 내밀한 이야기를 나눌 기회가 많기에 이들은 마음먹기에 따라 권력을 농단할 수도 있다. 게다가 10만 명 단위의 환관이 궁궐 안팎에 포진하고 있다면 그들이 마음먹기에 따라 얼마든지 권력자의 눈과 귀를 가릴 수도 있다. 대표적인 예가 한나라를 망하게 했던 십상시(十常侍)다. 이들이 없었다면 우리가 익히 알고 있는 《삼국지》는 쓰여지지 않았을 것이다.

왕의 입속의 혀

이 환관 제도가 고려 후기 한반도에도 뿌리를 내렸다. 그리고 고려를 무너뜨리고 등장한 나라가 조선이다. 성리학으로 무장한 신진사대부들의 눈에 환관 제도는 아무짝에도 쓸모없는 악의 축 같은 존재였다. 유교를 국교로 삼은 한나라를 무너뜨린 건 환관들이지 않은가? 성리학자들은 이성계에게 환관이란 존재를 없애야 한다고 주장했지만, 막상 왕이 된 이성계의 눈에 내시들은 입속의 혀와 같은 존재였다. 그리고 자신이 해야 할 귀찮은 일들을 도맡아 처리해주는 내시들을 굳이 없애고 싶지 않았다. 우리가 생각하기에 내시는 단순히 왕의 수발을 들어주는 정도의 일이나 할 거 같지만, 조선의 내시들은 왕의 개인 재산을 관리하고 이를 투자함으로써 재산을 늘려주는 역할까지 했다.

이 부분에 대해서는 좀 더 자세히 이야기할 필요가 있겠다. 이성계가 아직 왕이 되기 전 그는 함경도 땅을 1/3이나 소유한 대지주였다. 여러 차례 공신 책봉을 받으면서 막대한 상금과 노비들을 하사받았기 때문이다. 이성계가 왕이 되고 나서 이 사유재산을 어찌해야 할지 잠깐 의견이 오갔는데 신하들은 이를 국고로 환수해야 한다는 논리를 내세웠지만, 이성계는 이를 왕의 사유재산으로 선언한 후 그에 관한 관리를 내수사(內需司)에 맡겼다.

여기서 주목해야 할 것이 내수사의 법적 성격이다. 내수사는 공식적인 정부 기구가 아니라 왕의 사유재산을 관리하는 사적인 존재였다. 즉, 내수사는 정부 행정 관료들의 통제를 받지 않는 존재라는 의미다. 이 내수사를 관리하는 것이 바로 내시였다. 이들은 이성계의 재산을 알뜰살뜰 관리해 재산증식을 도왔다. 오늘날로 치자면 왕의 개인 펀드 매니저나 자산관리사 역할을 했다고 보면 이해가 빠를 것이다. 왕의 입장에서 보면 입속의 혀라는 표현이 과장이 아닌 것이다.

이렇다 보니 조선은 내시 제도를 유지할 수밖에 없었다. 문제는 성리학의 고향인 중국에서 환관의 발호(跋扈)로 나라가 망하는 걸 봤던 유학자들은 내시를 필요악이라 규정했다(이성계의 주장 때문에 양보한 것이지만). 대신 이들을 교화시켜 사용해야겠다고 결론 내린다. 해서 이들이 생각해낸 방법이 결혼과 교육이다.

결혼한 내시와 바람난 내시

내시가 결혼했다는 것에 의아하겠지만, 당시 유학자들은 가정이 있으면 내시들도 생활이 안정돼 삿된 유혹에서 벗어날 수 있을 거라 생각했다. 그리고 내시가 아내를 얻는 게 어제오늘 일도 아니었다. 중국의 환관들만 하더라도 채호(采戶 : 일종의 식모 개념)라 해서 여자를 두는 경우가 있었다. 물론 떳떳하게 공개하는 사이는 아니었다. 그러나 조선은 파격적으로 아내를 두길 오히려 권장했다. 그래서 내시들이 아내를 들이고 양자를 들여 대를 이었다.

심지어 《양세계보(養世系譜)》라 해서 내시 족보도 있었다. 이렇게 가정이 있다는 건 출퇴근을 전제로 하는 것이었기에 조선의 내시들은 출퇴근을 했다. 출퇴근 방식도 여러 가지가 있었는데 입번(入番)이라 해서 우리가 평소에 하는 출퇴근과 비슷한 근무방식처럼 주야로 12시간씩 교대근무를 하는가 하면 장번(長番)이라 해서 며칠이나 몇 주 정도 궁에서 근무하다가 퇴근하는 경우도 있었다. 또 출입번(出入番)이라 해서 교대로 풀타임 근무를 하기도 했다.

결혼을 시켜 생활의 안정을 가져오는 것 말고도 내시를 관리했던 또 다른 방법이 교육이었다. 중국의 환관들은 내시 중에서 똑똑한 몇 사람을 뽑아서 내서당(內書堂)이란 엘리트 교육기관으로 보내 글을 가르쳤다. 그러나 조선은 생각이 달랐다. 배우고 익히면 나쁜 성질을 가졌더라도 교화할 수 있을 것이라 믿었다. 그래서 조선의 내시들은 모두 공부를 해야 했다. 이들이 했던 공부는 유학이었다. 이들이 배웠던 건 사서삼경(四書三經) 중 사서인《논어》,《맹자》,《중용》,《대학》과《삼강행실도》였다. 내시들에게 삼경을 뺀 것은 내시에게 삼경까지 가르치는 건 오버라고 생각했기 때문이었다.

이들은 정말 힘들게 공부했는데 낙제를 하면 근무 일수가 3일이 추가됐고, 시험에 통과하지 못하면 승진도 하지 못했다. 그래서 이들은 목숨을 걸고 공부해야 했다. 그래도 나름 인간미가 있었던 게 서른다섯 살이 되면 공부에서 면제를 시켜주었다는 것이다.

사극에서 내시들은 왕 옆에서 알랑거리는 존재로만 보이지만, 이들의 삶도 우리의 삶과 크게 다르지 않았음을 알 수 있다.

이에 앞서 내관 서득관(徐得寬)이 잠실(蠶室)을 감독하다가 잠모(蠶
母)와 사통하였는데 그 남편이 사헌부에 고소하여 득관이 죄받게
되었다. 그런데 김세필(金世弼)의 일이 발각되자 잠모를 빈청으로 잡
아다 심문하고, 또 득관을 나주(羅州)에서 잡아 오게 하였다.

—《조선왕조실록》 연산 10년, 1504년 5월 5일의 기록 중 발췌

연산군 시절 내시 서득관이 양잠을 하는 여인과 간통을 하는 사건
이 벌어진다. 이 여인의 남편이 사헌부에 고소했고, 이 사건을 접수한
연산군은 비서실인 승정원 승지들에게 궁궐 안 내시들이 고자인지를
육안으로 직접 확인하라고 명하게 된다. 이때 성기가 남아있음에도
내시 생활을 하던 내관 김세필과 잠모(누에고치를 기르는 여자)와 간통을
한 서득관이 걸리게 된다. 내시의 존재 이유 자체를 부정한 사건이었
다 할 수 있겠다.

의학적으로 봤을 때 완전히 잘렸다 하더라도 다시 자라는 경우가
있기도 하고, 완전하게 기능하는 건 아니더라도 최소한의 작동이 가
능한 경우도 있다고 한다. 이 부분에 대해 추가로 설명하자면 중국의
환관과 달리 우리나라의 내시는 고환만 없을 뿐 음경은 있었기 때문
에 성관계는 가능했다는 주장도 나온다. 이 때문에 부부 생활이 가능
했다는 것이다. 혹자는 이들이 신체적 결합이 아니라 도구를 사용했
다는 의견도 있다.

내시를 양산하는 은밀한 방법

여기서 궁금한 점이 하나 더 생기는데 바로 내시를 만드는 방법이다. 자연적으로 고자가 되는 경우는 극히 드물기에 인위적으로 내시를 만들 수밖에 없었다. 이는 역사 기록을 봐도 알 수 있다. 명나라 희종 시절(1623년) 궁궐에서 부족한 환관 3천 명을 모집했는데 중국 전역에서 환관 지원자가 2만 명이 넘게 몰려들었다고 한다. 이들이 모두 자연적인 성불구자였을까? 아니다. 이들 중 상당수는 인위적으로 거세한 자들이다(확률적으로 봤을 때 2만 명이나 되는 성불구자가 자연적으로 발생할 수는 없다). 결국, 인위적으로 성불구자가 됐다는 것인데 그렇다는 건 이를 시술해준 이들이 있었다는 것이다.

이렇게 해서 등장하는 것이 엄공(閹工) 혹은 도자장(刀子匠)이라 불리는 직업이다. 원래 도자장이란 작은 칼을 만드는 장인을 지칭하는 말인데 엄공과 도자장을 겸용해서 사용했다는 것은 이들이 겸업한 게 아닌가 하는 추측을 하게 한다.

고자를 만드는 중국 전통방식으로는 고환과 음경 모두를 전부 다 잘라내는 방법이 있다. 도자장은 피시술자에게 정말 고자가 될 것이냐고 세 번 물은 후 만약 한 번이라도 거부 의사를 밝히면 시술을 하지 않았다고 한다. 이들은 모든 걸 깔끔하게 잘라낸 다음 소변 구멍이 막히지 않도록 요도에 금속 대롱을 끼워둔다(침이나 나무못을 사용하는 경우도 있다). 그런 다음 뜨거운 물에 고춧가루를 탄 다음 이 물로 수술 부위를 깨끗하게 씻고, 환부에 마취 성분이 있는 연고를 바른 후

지혈을 위해 하복부와 넓적다리를 단단히 묶어둔다. 그러고는 피를 돌게 하기 위해 2~3시간 걷게 한다. 이때 3일 동안 굶기는데 심지어 물도 주지 않았다고 한다. 이는 감염을 막기 위해서다. 상처가 어느 정도 아물고 난 뒤에는 많은 양의 물을 먹여 오줌을 누게 한다. 그런 다음 100일 동안 외부와 차단된 생활을 하며 환부가 아물길 기다리면 된다.

이 수술의 성공률은 상당히 낮아 사망률이 60%에 이르렀다고 한다. 그러나 하층민은 출세수단으로, 그리고 최후의 계층 이동수단으로 생각한 수많은 이들이 자신의 성적 정체성마저 포기했다. 문제는 자신의 성적 정체성을 포기하는 것보다 비용 마련이 더 큰 난관이었다는 것이다. 앞에서 언급했다시피 고자를 한 명 만드는 데에는 꽤 오랜 시간과 정성, 기술력이 필요했기 때문이다. 시술비용은 꽤 비쌌는데 청대 말의 기록에 따르면 은화 6냥 정도였는데 이는 당시의 어지간한 초가집 한 채 가격이었다고 한다.

그렇다면 조선의 환관들은 어떤 식으로 시술했을까? 성리학의 나라 조선은 사사로이 거세하는 것을 법으로 금했고, 중국에서 시행하던 궁형(宮刑 : 생식기를 없애는 형벌)도 금지했다. 물론 개에게 물렸거나 높은 곳에서 떨어져 성불구자가 되는 경우가 없지는 않았지만, 이들로만 내시를 충당할 수는 없었다. 결국, 조선에도 도자장이 있었음을 유추해볼 수 있다. 기록에는 나와 있지 않지만, 향토사학자 김동복 씨에 따르면 1897년 갑오경장으로 내시 제도가 폐지되기 전까지 영등포 쪽 용추라는 연못 옆에 내시를 양산하는 움막 시술소가 있었다고 증언한 바 있다.

양세계보(養世系譜)

중국의 환관들이 양자를 들이는 경우는 크게 두 가지로 나눌 수 있다. 첫째 환관의 자식으로 들어와 환관으로 자라는 경우다. 이들은 보통 죄수의 아들이거나 부모가 자식을 파는 경우로 입양되자마자 거세가 되고 1년 후쯤부터 본격적인 환관 수업을 받게 된다. 그리고 양부의 지도하에 환관으로 성장하게 된다.

반면 일반인 출신으로 양자가 되는 경우가 있는데 이는 정치적 의미로 접근해야 한다. 아무리 권세를 얻었다 하더라도 그 출신을 좇다 보면 천출(賤出)인 경우가 많았기 때문에 정치적으로 의존할 언덕이 필요했기 때문이다. 이 때문에 환관들은 권력을 얻은 다음 지방의 유력가나 정치가들에게 손을 내밀었고, 서로 의견이 맞으면 부자지간의 연을 맺었다.

그렇다면 조선은 어떠했을까? 조선의 경우 내시에게도 결혼을 허용했고 가정을 이루는 걸 권장했다. 그랬기에 자식 역시 둘 수 있었는데 이는 대를 이어 내시를 확보하고자 하는 차원이었기 때문에 내시에게도 정부로서도 좋은 제도였다.

문제는 양자를 어디서 들였냐는 것이다. 양부와 같은 집안 출신도 있고, 양부와 성이 다른 경우도 있고, 양모와 성이 같은 경우도 있었다. 즉 친가와 처가를 떠나 일가친척 중에서 혹은 다른 집안에서도 양자를 들일 수 있었다.

그렇다면 내시들의 족보인 《양세계보》는 어떻게 만들어졌을까? 내시 집안은 양자를 통해 계통을 이을 수밖에 없었기 때문에 성씨가 모두 달라 족보를 만들 수 없었는데 정조 시절 내시였던 이윤묵(李

潤黙)이 비록 피로는 이어지지 않았지만 자신을 키워준 양부모의 은혜에 보답하고자 하는 의미에서 족보를 만들었다고《양세계보》서문에 밝히고 있다.《양세계보》는 세계에서 유일한 거세된 남자들의 족보로 내시 777명의 가계도가 기록되어 있다. 또한, 각 조상의 출생지, 벼슬, 부인, 양자, 사망일, 묘지 등도 간단하게 적혀 있다.

비록 양자지만 자신을 길러준 부모를 잊지 않고 그 은혜를 보답하겠다는 마음, 비록 자식을 두지 못하고 친부모와 함께 살진 못했지만 이것이 우리가 흔히 말하는 효(孝)라는 것을 잊지 말아야 하겠다.

대립군

줄거리

임진왜란 당시 광해군의 분조(分朝)를 호위하던 대립군들의 이야기다.

특기사항

세자 신분이었지만 길거리에서 비를 맞으며 밤을 지새우는 모습과 그 과정에서 백성들과 함께 호흡하며 전쟁의 위기를 돌파한 광해군의 모습을 생생하게 재연했다.

개봉일 : 2017년 5월

감독 : 정윤철

대립군이
지킨 나라 。

영화 〈대립군〉을 제대로 즐기기 위해서는 몇 가지 역사상식을 장착해야 한다. 사극이니 약간의 역사 상식만으로도 관람이 가능하겠지라고 생각한다면 이해하기 어려운 대목이 많을 것이다. 일단 생각나는 것만 몇 가지 추려봐도 세 가지나 된다.

첫째, 선조는 왜 도망갔을까?

둘째, 광해군은 아버지 선조를 대신해 분조를 이끌었는데, 그 활약상은 어떠했는가?

셋째, 대립군은 도대체 왜 생겼으며 어떤 사람들로 구성되었는가?

백성을 버린 임금

우선 임진왜란 초기의 전쟁 상황과 선조가 전쟁에 어떻게 대처했는지부터 이야기해보겠다. 1592년 4월 13일 부산에 상륙한 일본군은 파죽지세로 도성까지 치고 올라왔다. 이 초반의 전투에서 조선군이 믿었던 유일한 희망은 신립(申砬)의 기마부대였다. 그는 이미 여진족 토벌로 용맹을 떨친 바 있고, 선조가 총애했던 신성군(信城君)의 장인으로 조정 안팎에서 신임을 얻고 있던 명장이었다. 그런 신립에게 최정예 병력을 쥐어주었지만 신립의 부대는 탄금대에서 전멸하고 만다. 패배의 이유를 찾자면 끝도 없겠지만 영화 〈대립군〉에 대해 얘기하기 위해서라도 당시 조선군의 군제(軍制)에 대해 설명하지 않을 수 없다.

당시 조선군은 제승방략(制勝方略) 체제였다. 제승방략이란 간단하게 표현하자면 '전쟁이 터지면 백성들을 모아 군대를 만들고, 서울에서 장수를 보내 이 군대를 지휘하는 제도'라 할 수 있다. 이 설명만 듣고도 문제가 많다고 생각할 것이다. 유사시에 병력을 모아 군대를 편성한다는 건 오늘날의 예비군 제도와 다를 게 없어 보인다. 하지만 예비군을 유지하기 위해서는 평소에도 군대를 소집해 훈련하고 장비도 확보해야 한다. 그러기 위해서는 평상시에 확실한 훈련과 대비가 필요하지만 임진왜란 전에는 이는 어디까지나 서류상의 이야기일 뿐이었다. 더 문제였던 건 장수가 서울에서 파견되었다는 것이다. 장수가 해당 부대로 오기 전까지 이 부대는 대기 상태로 있어야만 하기 때문이다. 즉, 기습적으로 치고 올라오는 적군을 막기에는 문제가 많은 제도였던 것이다. 이러다 보니 임진왜란 초기 조선군은 추풍낙엽처럼 무너지고 말았다.

믿었던 신립 군이 전멸하자 조선 행정부는 공황상태에 빠졌고, 그 결과 선조는 몽진(蒙塵 : 임금이 도망가는 것)을 선택하고 만다. 당시 백성들은 선조의 몽진길을 막아서며 백성들을 버리지 말라고 통곡했다고 한다. 전제왕조 국가에서 임금은 곧 아버지와 다름없는 존재다. 임금이 백성을 버린다는 건 아버지가 자식을 버린다는 의미다. 하지만 선조는 이렇게까지 매달리는 백성들을 때로는 달래고, 때로는 폭력을 행사하면서까지 몽진길에 오른다.

선조는 서울을 버리고 평양, 그리고 의주로 향했다. 그리고 의주에서 명나라로 망명하겠다는 요동내부책(遼東內附策)을 꺼내 들고는 명나라와 협상에 들어간다. 이때 명나라는 선조의 망명이 못내 부담스러워 비빈과 수행원 몇 명만 데리고 넘어오라며 거절 의사를 밝혔고, 결국 선조의 망명은 무산된다. 이쯤 되니 선조에 대한 인기는 바닥을 향해 치달았다. 몽진의 첫 번째 코스였던 평양 땅에서 백성들은 임진왜란이 터지고 처음으로 선조를 위협하는 발언을 서슴없이 던지고 만다.

"세자를 왕위에 올리시고, 상왕으로 물러나십시오."

전제왕조 국가에서 왕위를 물려주라는 말은 반역이나 다름없다. 더 안타까운 건 선조의 인기가 떨어지면 떨어질수록 분조를 이끄는 광해군의 인기는 더 올라갔다는 점이다.

아들을 시기하며 괴롭히는 아버지

여기서 분조와 광해군에 대해 설명을 해야겠다. 분조란 간단히 말해 행정부를 두 개로 쪼갠 일종의 임시행정부를 뜻한다. 당시 의주에 있던 선조의 조정은 행재소(行在所 : 임금이 궁을 떠나 멀리 나들이할 때 머무르던 곳)라 불렸고, 세자였던 광해군이 이끌던 조정이 분조였다. 선조는 서울을 버리기 전 급하게 광해군을 세자로 삼는다. 나라가 위기에 처해 보험을 들어놨다고 해야 할까? 조정을 두 개로 쪼개 혹시 모를 사태에 대비했던 것이다.

당시 광해군이 이끄는 분조에는 영의정 최흥원(崔興源)을 비롯해 중신 10여 명이 있었는데, 광해군은 이들을 이끌고 평안도, 황해도, 강원도 등을 뛰어다니며 의병장들과 장수들을 격려하고 각지의 백성들을 위로했다. 전시에 이런 행동을 하는 건 단순한 위문이 아니라 일종의 심리전이라 할 수 있다. 나라가 망해가자 마음 둘 곳을 잃은 백성에게 조정과 왕실이 아직 살아있다는 걸 보여줌으로써 꺼져가는 항전 의지에 불을 지폈고, 끊어진 행정조직을 다시 이어붙일 수 있는 계기가 됐다. 아울러 영화 〈대립군〉에서처럼 이들은 실질적인 전투도 수행했다.

왕은 백성을 버렸는데 왕의 아들이 열여덟이란 어린 나이에 전쟁

터를 뛰어다녔으니 선조의 꼴이 어땠을까? 백성들의 인심이 광해에게 쏠렸고, 명나라 조정에서조차 왕위를 광해에게 넘기라는 말이 나왔다. 이러다 보니 선조는 광해에 대해 악감정을 품게 됐고, 임진왜란 내내 광해군을 압박하고 괴롭혔다. 그리고 전쟁이 끝난 뒤에는 광해군의 공적을 깎아내렸다. 이후 광해군이 즉위한 후 재평가를 받는 듯했으나, 광해가 쫓겨나면서 다시 임진왜란 당시 광해군의 활약상은 제대로 평가받지 못하고 만다.

대신 군대에 가는 사람

상식적으로 국방의 의무란 전 국민이 평등하게 지는 것이고, 일정 나이가 되면 신체검사를 받고 군대에 입대해야 한다. 물론, 예외적인 경우도 있지만 그런 경우는 사유가 정당할 때만 인정받는다. 그러나 조선 시대의 군역은 이런 공정성과는 거리가 멀었다.

조선 시대 병역의 의무를 져야 하는 나이는 16~60살까지였다. 단, 이 기간 내내 계속해서 군 생활을 하는 게 아니라 병역의 의무에 편입되어 있다고 봐야 한다. 이 기간 동안 병역의 의무를 진 자(양인)는 1년에 2~6개월간 병역의 의무를 져야 했다. 문제는 당시 조선의 세수 체계다. 조선의 세금은 크게 전세(田稅), 역(役), 공납(貢納) 세 종류로 나뉘었는데 전세는 땅에서 나오는 세출에 세금을 매기는 것이고, 공납은 지역 특산품을 내는 것이다(훗날 대동법이 나오게 된 원인이다). 그리고 역이라는 게 있는데 바로 요역(徭役)을 뜻한다. 요역을 한마디로 정의하자면 '어느 정도 살만한 양인들을 강제징발해 국가가 써먹는 것'이다.

요역에 징발된 백성은 국가의 대규모 토목 공사 등에 동원됐는데, 가난한 농민들 위주로 군역이 부과되다 보니 더 이상 징발할 인원이 없었다. 이렇게 되자 군인들을 요역 대상자로 차출하게 되었다. 즉, 군인을 막노동 일꾼으로 차출한 것이다. 이렇게 되자 양인들은 고된 군 생활에 몸도 상하고 생계도 어렵게 돼 다른 방도를 생각할 수밖에 없게 되었다. 바로 대신 군대에 갈 사람을 찾은 것이다. 15~16세기가 되면 이는 일반적인 행태로 자리 잡게 되는데 중앙군의 경우 대립제(代立制)로, 지방군의 경우 방군수포제(放軍收布制)로 정착하게 된다. 물론 이는 불법이었다.

방군수포제부터 설명하자면, 부득이한 사정으로 군대에 못 가는 경우 1개월에 베 3필을 납부하면 군역을 면제해주는 제도다. 즉, 돈을 주고 합법적으로 군역에서 제외되는 것이다. 그렇다면 대립제는 뭘까? 이는 말 그대로 사람을 사서 군역을 대신 시키는 것인데, 주로 먹고살기 어려워 유민이 된 농민이나 노비들이 돈을 받고 대신 군대에 갔다. 힘없는 사람들만 군대에 끌려가는 나라에서 제대로 된 국방력을 기대하기란 불가능했다. 임진왜란 때 일본군에게 밀린 이유가 여기에 있다.

임진왜란의 전투 기록

임진왜란 7년 동안 기록으로 채집된 단위 전투 105회 가운데 조선 관군 단독 또는 의병 참전 주도의 전투가 87회, 의병 단독 또는 관군 참전 아래 의병 주도 전투가 18회였던 반면, 명군의 전투는 고작 8회밖에 되지 않는다. 그나마 이 8회의 전투 모두 조선 관군과의 연합작전이었다. 또한 평양성 탈환 작전과 정유재란 당시 최후 공격전을 제외하고는 매우 소극적인 전투였다.

105회의 전투 전황을 분석해보면 조선군 측 공격으로 시작된 전투는 68회였다. 매우 공세적이었다는 걸 확인할 수 있다. 그 승패 또한 조선군 측 승리가 65회, 패배 40회로 7년의 전쟁 기간 동안 개전 초 1년을 제외하고는 주로 조선군이 일본군을 압박했음을 알 수 있다.

역적 : 백성을 훔친 도적

줄거리

폭군 연산군에게 맞서 백성들 편에 서서 싸우는 홍길동의 일대기를 그린 이야기다.

특기사항

연산군의 폭정이 본격적으로 시작되는 무오사화와 갑자사화를 배경으로 탐관오리를 징벌하고 핍박받는 서민들을 위해 싸운 의적 홍길동의 활약상을 그렸다.

방영일 : 2017년 1월 30일~5월 16일
방송사 : MBC

홍길동은
의적인가, 악당인가?

　　〈역적 : 백성을 훔친 도적〉 덕분에 다시 한번 '홍길동'이란 이름이 대중의 입에 오르내리게 됐다. 한국 대중 문화사를 더듬어 내려가다 보면 영상화가 특히 많이 이루어진 시대와 인물을 확인할 수 있다. 영화와 드라마로 가장 많이 만들어진 숙종 시절 '장희빈', 아버지와 아들의 갈등, 그리고 미완의 복수를 다룬 '사도세자와 정조', 그리고 '홍길동'이 그중 가장 많이 등장하는 인물이다. 홍길동의 경우 아동용 애니메이션이나 게임 캐릭터로도 많이 만들어져 진정한 의미의 원 소스 멀티 유징이라 할 수 있다.

홍길동은 실존 인물인가?

익히 우리가 알고 있는 홍길동은 광해군 시절 역모로 몰려 죽은 허균(許筠)의 소설《홍길동전》에 등장하는 주인공이다. 다음은 교과서에도 실려 있는《홍길동전》중에 나오는 유명한 대사다.

"소인이 평생 서러운 바는 대감의 혈육으로 당당한 남자가 되었으니 부생모육지은(父生母育之恩)이 깊삽거늘, 그 부친을 부친이라 못하고, 형을 형이라 못 하오니, 어찌 사람이라 하오리까?"

홍길동의 호부호형(呼父呼兄)은 21세기가 된 지금까지도 수많은 패러디로 회자되고 있다. 서자로 태어난 홍길동은 뜻은 높고, 재능은 깊었으나 적서차별이 분명했던 시대의 현실 때문에 그 재능을 꽃피우지 못하였으니 이는 그 마음을 단적으로 보여준 명대사라 할 수 있다.

그다음부터는 완전히 판타지 소설이다. 도술과 초능력, 무리를 이끄는 지도력을 십분 발휘해 탐관오리를 응징하고 백성들을 구휼하더니, 점점 스케일을 키워 종국에 가서는 나라를 침략하는 오랑캐를 토벌하기에 이른다. 그다음은 새로운 이상 국가를 건설하고야 마는 말 그대로 판타지라 할 수 있다.

지금의 관점에선 허무맹랑한 이야기라 폄하할 수 있겠지만 당시에는 매우 발칙하고 위험한 소설이었다. 법으로 명시된 적서차별을 비판했고, 기득권층을 조롱했으며, 심지어 새로운 나라를 건설하려고

했으니 이처럼 위험하고 반체제적인 소설이 또 있을까? 물론, 시대의 한계를 벗어나지 못해 새로운 신분제 국가를 만드는 것까지는 생각지 못했다는 아쉬운 점이 있다. 그러나 이것 또한 근본적인 부분에서 의문을 품어 봐야 한다.

《홍길동전》과 쌍벽을 이루는 《춘향전》의 경우도 그 판본이 수십 종에 달하고, 각 판본에 따라 이야기 역시 다르다. 원래 《춘향전》도 하나의 이야기가 여러 시대를 거치면서 살이 더해지고 다듬어져 지금에 이른 것이다. 실제로 이몽룡이란 인물과 그와 인연을 맺은 기생이 역사상 존재할 가능성은 높다. 물론, 이야기는 《춘향전》과는 아주 다를 테지만 시대를 거치면서 재가공된 것이다. 《홍길동전》 역시 홍길동에 관한 이야기가 시대를 거치면서 각색되고 전승되면서 변형됐을 가능성이 높다. 그리고 그걸 최종적으로 정리한 게 허균인 것이다.

이 대목에서 주목해봐야 할 것이 그렇다면 홍길동은 실존 인물이냐는 것이다. 홍길동은 실존 인물이다. 많은 사람이 이 사실을 모르고 있는데, 물론 소설 속 인물처럼 도둑이며 나라를 뒤흔들 정도로 큰 파문을 일으킨 것 또한 사실이다. 그러나 소설과 다른 한 가지는 역사상 실재했던 홍길동은 의적이 아니라는 것이다. 아니, 의적까지는 바라지도 않는다. 그저 평범한 도둑 정도의 양심이라도 있었다면 아마 홍길동은 역사에 기록되지 않았을지도 모른다. 그는 지금으로 치자면 연쇄 살인마에 비견될 정도로 악독한 인물이었다.

시대가 만든 의적

"듣건대, 강도 홍길동(洪吉同)을 잡았다 하니 기쁨을 견딜 수 없습니다. 백성을 위하여 해독을 제거하는 일이 이보다 큰 것이 없으니, 청컨대 이 시기에 그 무리들을 다 잡도록 하소서" 하니, 그대로 좇았다.

—《조선왕조실록》 연산군 6년, 1500년 10월 22일의 기록 중 발췌

연산군 시절 활약했던 홍길동이 체포되자 당시 영의정이었던 한치형(韓致亨)이 홍길동 무리를 모두 잡아 들여야 한다고 주청하는 장면이다. 여기서 생각해봐야 할 것이 두 가지 있다.

첫째, 일개 도둑의 체포를 두고 영의정, 좌의정, 우의정 등 삼정승이
　　　모두 나서 기뻐하며 잔당 토벌을 주청했다는 점
둘째, 당시 시대가 연산군 시절이었다는 점

이는 당시 홍길동의 위상을 단적으로 보여주는 대목이다. 잡범 수준의 도적을 잡았다고 국무총리와 부총리가 기뻐하며 청와대에 가서 보고를 할까? 역사 속 홍길동은 그때까지 나온 도적들하고는 스케일이 달랐으며, 대담했고 악독했다. 그는 똑똑했고 야심 찼다. 집안도 나쁘지 않았는데, 아버지가 종성절제사(鍾城節制使)를 지낸 무관이었고, 형 홍일동(洪逸童)은 호조참판에 이를 정도로 제법 이름 있는 집안이었

다. 이런 환경 덕분인지 조정 내의 실세들과도 친목을 다지며 그들을 자신의 뒷배경으로 삼았고, 이를 토대로 당상관 행세를 하기도 했다.

여기까지만 보면 인텔리 출신으로 화이트칼라 범죄를 일으킨 범죄자라 볼 수도 있다. 하지만 그는 실제로 조선의 폭력배들을 규합했던 전국구 조폭이었다. 그는 이 세력을 기반으로 수많은 범죄를 저질렀다. 그 수준이 어느 정도였냐면 홍길동의 주요 표적이 됐던 충청도 지방은 범죄 피해가 하도 극심해 농민들이 땅을 버리고 유민이 됐고, 세수가 걷히지 않아 나라 살림을 걱정해야 할 정도였다. 그 잔혹함도 주목할 만한데 자신을 숨겨준 가족들이 나중에 신고할까 봐 그들을 죽이고 얼굴 가죽을 벗겨 매달아 놓기를 예사로 했다. 소설에 나와 있는 의적과는 한참 거리가 먼 존재였다.

홍길동이 활약했던 시기가 연산군 시절이었다는 것 또한 특기해야 할 것이다. 우리의 기억 속에 연산군은 폭군 이미지로 각인 돼 있는데, 연산군이 본격적으로 폭정을 저질렀던 건 재위 말년 2~3년이 고작이다. 그 이전 연산군의 통치행위는 조선 시대 다른 왕들과 비교해 그리 빠지지 않았다. 외교적인 부분이나 정무감각 등에 있어서는 나이에 비해 노련하다는 소리도 들을 정도였다. 즉, 연산군이 나라를 못 다스려서가 아니라 도적으로서 홍길동이 한 수 위였다는 소리다. 얼마나 치를 떨었으면 민간에서는 이후 홍길동이란 이름을 쓰지 않았다는 말이 나왔을까?

소설 속 홍길동은 의적의 대명사로 그려졌지만, 실제 역사에서는 악독한 범죄자였다는 사실. 아이러니한 역사 속 진실이다.

조선의 3대 도적

조선의 3대 도적하면 누가 생각나는가? 사극을 열심히 시청했다면 바로 떠올릴 수 있을 것이다. 바로 홍길동, 임꺽정(林巨正), 장길산(張吉山)이다. 3명 다 소설과 드라마, 만화 등의 캐릭터로 많이 나온 도적들이다. 많은 이들이 이들을 허구의 인물이라 착각하는데, 이들은 모두 역사에 이름을 남긴 실존 인물이다. 그렇다면, 이들의 운명은 어떠했을까? 임꺽정과 홍길동은 결국 붙잡혀 최후를 맞이했지만, 장길산만은 달랐다.

"극적(劇賊) 장길산은 날래고 사납기가 견줄 데가 없다. 여러 도(道)로 왕래(往來)하여 그 무리들이 번성한데, 벌써 10년이 지났으나, 아직 잡지 못하고 있다. 지난번 양덕(陽德)에서 군사를 징발하여 체포하려고 포위하였지만 끝내 잡지 못하였으니, 역시 그 음흉(陰凶)함을 알 만하다. 지금 이영창(李榮昌)의 초사(招辭)를 관찰하니, 더욱 통탄스럽다. 여러 도(道)에 은밀히 신칙(申飭)하여 있는 곳을 상세하게 정탐하게 하고, 별도로 군사를 징발해서 체포하여 뒷날의 근심을 없애는 것도 의논하여 아뢰도록 하라."

―《조선왕조실록》숙종 23년, 1697년 1월 10일의 기록 중 발췌

숙종이 장길산 체포를 독려하는 내용이다. 기록을 보면 당시 장길산은 역모에 연루된 것으로 추정되는데 조선의 왕을 바꾼 뒤 중국을 공격하겠다는 내용도 나온다. 이 정도면 도적의 수준을 훨씬 넘어섰다 할 수 있겠다. 아니, 나라를 훔칠 계획을 짰다고 해야 할까?

이 정도 사건에 연루됐기에 왕이 직접 나서 체포를 독려한 것이다. 놀라운 사실은 이렇듯 왕까지 나서서 독려했건만 장길산에 대한 기록은 더 이상 남아 있지 않다. 장길산이 체포됐다면 분명 기록이 남아있을 텐데 기록이 없다는 건 체포되지 않았다고 추정할 수 있다. 임꺽정과 홍길동이 체포돼 비참한 최후를 맞이한 것에 비하면 끝까지 도적다운 삶을 살았다고 해야 할까?

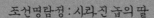

조선명탐정 : 사라진 놉의 딸

음란서생

왕의 얼굴

정도전

징비록

옥중화

조선총잡이

2부
관습과 제도

역사를
드라마로 배운
당신에게

조선명탐정 : 사라진 놉의 딸

줄거리
불량 은 제조를 하는 왜구들을 수사해 이들 일당을 일망타진한다는 이
야기다.

특기사항
탐관오리를 잡고 백성을 돌볼 줄 아는 양반, 노비의 딸을 구하기 위해
위험을 무릅쓰는 관리를 통해 민간을 사찰하며 백성들의 은원을 해결
해주려 했던 조정의 노력을 엿볼 수 있다.

개봉일 : 2015년 2월 12일
감독 : 김석윤

억울한 죽음이
없도록 하라.

〈조선명탐정 : 사라진 놉의 딸〉에 나오는 시체 검시 장면을 보면
서 "이제 사극에서도 시체 검시는 예사로 등장하는구나"라는 말이 튀
어나왔다. 10년 전만 해도 조선 시대에 시체 검시를 하는 것이 독특해
보였지만, 이제는 이런 검시 장면은 드라마나 영화에 수차례 등장한
바 있다. 드라마 〈다모〉, 〈별순검〉, 〈동이〉에서는 물론, 특히 차승원
주연의 영화 〈혈의 누〉에서는 검시의 행정적인 진행과 검시에 참여하
는 오작(作作)과 항인(行人)이 한국 역사상 처음으로 영화에 등장하기
에 이른다. 이런 영상물만 봐도 조선 시대 우리 조상들이 사체를 검시
할 정도로 과학수사를 했다는 걸 알 수 있다.

조선 시대의 과학수사에 대해 알아보기 위해선 우선《무원록(無冤
錄)》에 대해 알아야 한다. 중국 원나라 시절의 왕여(王與)가 송나라의

형사사건 지침서인《세원록(洗寃錄)》,《평원록(平寃錄)》,《결안정식(結案程式)》을 참고로 해서 만든 법의학서가《무원록》이다. 이름 그대로 '억울함이 없도록' 하는 책이다. '살인 피해자는 온몸으로 증언한다'는 현대 법의학처럼 사체는 남은 사람들에게 많은 걸 말해준다. 간단한 예로 화재 현장에서 사체를 검시할 때 제일 중요하게 생각하는 게 폐다. 폐에 검은 그을음이 들어가 있다면 화재로 인한 질식사일 가능성이 높지만 그런 흔적이 없다면 화재가 일어나기 전에 죽었을 확률이 높다. 즉, 타살일 가능성이 높다는 뜻이다.

이렇듯 시체 검시는 사망자의 사건성과 사고성을 판가름해 사법적 절차에 들어갈지를 판단하는 중요한 잣대가 된다. 그래서 조선 시대에도 시신 검안에 대한 관심이 높아 왕여가 쓴《무원록》을 수입해 과학수사에 활용하기에 이른다.

조선 시대의 과학수사대

형조에서 계하기를, "《무원록》에 이르기를, '무릇 사유를 고함에 있어서는 반드시 연월을 기록해야 하며, 문안(文案)에는 거년이니, 금년이니, 전월이니, 금월이니, 당일이니, 차일(此日)이니 하는 따위를 써서는 안 된다'고 하였으니, 금후로는 인명(人命)에 관계되는 중대사나 뒤에 참고가 될 만한 공·사 문안에 아무해 아무달 아무날을 쓰는 것으로 항례(恒例)를 정하게 하여 주시옵소서" 하므로, 그대로 따랐다.

—《조선왕조실록》세종 1년, 1419년 2월 23일의 기록 중 발췌

《무원록》은 조선 전기부터 이용되었다. 세종대왕은 좌승지 최치운(崔致雲)에게 명해《무원록》을 주해하여 간행토록 했는데 이렇게 해서 나온 게《신주무원록(新註無寃錄)》이다. 조선은 이 책을 간행한 다음 실제 검시에 활용함으로써 과학수사의 기틀을 잡아갔다. 하지만 아무래도 중국에서 수입된 책이다 보니 조선의 실정과 맞지 않은 부분이 많았다(원서 내용 자체가 어려워 이해하기 힘든 대목도 있다). 그래서 그동안 검시를 통해 쌓은 경험들을 통합해 개정판을 준비하게 된다. 이때가 영조 시절이었다. 영조는 찬집당상인 구택규(具宅奎)에게 명해《신주무원록》의 개정을 명했으나 구택규는 이 작업을 다 완성하지 못하고 세상을 뜨게 된다. 이 과업을 아들인 구윤명(具允明)이 이어받아 보완해 주석하였으나 완결 짓지 못했다. 이후 율학교수 김취하(金就夏)의 도움을 받아 전반적으로 증수했는데 이것이《증수무원록》신본이다. 이 개정판을 받아든 정조는 전 형조판서 서유린(徐有麟), 율학별제 한종호(韓宗祜) 등 당시 법률 전문가들을 동원해 내용을 더 보완한 후 한글로 번역하게 한다. 이렇게 태어난 것이《증수무원록언해(增修無寃錄諺解)》다.

그 내용을 보자면 검시 도구, 절차와 방법 등 행정적인 부분뿐만 아니라 검시 기준과 방법까지도 세세하게 기록해놓았다. 사망자의 사망 유형을 분류한 것만 봐도 이 책이 상당히 과학적이고 체계적이란

걸 알 수 있을 것이다. 익사, 구타, 중독, 병환 등 사망 내용만 22가지로 분류해놓았고, 각각의 항목별로 사망 원인과 증상 등을 세세하게 나누어 설명해놓았다. 예를 들어 중독사의 경우에도 살아 있을 때 중독된 것인지, 죽은 후 중독사처럼 위장한 것인지를 구분하는 방법과 함께 독의 종류까지도 낱낱이 기록해놓았다.

그럼 조선 시대에는 어떻게 검시가 이루어졌을까? 조선 시대에는 살인이나 자살 등 변사 사건이 터지면 해당 고을의 수령이 검시 책임관인 검시관이 된다. 물론, 수령은 검시에 대한 전문적인 지식이 없었을 뿐만 아니라 이런 일 자체를 천하게 여기는 당대 분위기 때문에 직접 검시에 나서는 경우는 드물었다.

검시하는 전문가가 따로 있었는데 바로 응참각인(應參各人)이 그들이다. 검시에 직접 참여한 아전을 일컫는 말인데《증수무원록언해》을 보면 응참각인으로 사리(司吏), 오작(仵作), 항인(行人), 의율(醫律)이 나온다. 이들의 역할을 하나씩 살펴보면 사리는 이서(吏胥), 즉 일반적인 아전을 의미한다. 우리네 기억 속에서 고을 원님 옆에 붙어있는 이방을 생각하면 이해가 빠를 것이다. 그다음에 나오는 인물이 항인인데 검시과정에서 심부름을 하거나 검시장 주변 경비를 맡는 이들이다. 의율은 의학 및 법률에 능한 기능직 아전인 의생(醫生), 율생(律生)을 묶어서 말하는 것으로 검시관인 수령에게 의학적·법률적 자문을 해줬다.

자, 여기서 조선 시대 검시를 담당한 가장 중요하면서도 가장 천대받았던 이가 등장하는데 바로 오작이다. 21세기 대한민국에서는 이같은 일을 하는 사람을 '법의학 전문의'라고 부르지만 조선 시대에는 천한 일을 하는 이라며 천대받았다.

오작이 하는 일에 대해서는《신주무원록》에 잘 나와 있다.

검시와 시신의 매장을 담당하는 사람(檢屍及埋葬之人)

—《신주무원록》중 발췌

그럼 그들에 대한 대우는 어떠했을까?《증수무원록》에 옥에 갇혀 있는 사람을 지키던 쇄장(鎖匠)과 같은 부류라고 나와 있는 걸 보면 과히 높은 대우를 받지 못했다는 걸 알 수 있다. 이런 전문 인력이 동원된 검시였기에 조선 시대에 과학수사를 한 것 같아 보이지만 이와 동시에 많은 허점들도 있었다.

경험칙에 근거한 과학적인 시체 검안

조선의 검시제도는 복검제(覆檢制)로 관할 구역 내 살인사건이 터지면 우선 고을 수령이 초검을 하고, 뒤이어 살인사건이 일어난 고을과 상관없는 고을에서 사람이 와 다시 한번 검시하는 체계였다(이때 복검을 맡은 사람은 초검시의 기록을 볼 수 없었다). 얼핏 보면 합리적인 듯 보이지만 초검에, 복검, 심지어 삼검까지 했던 것은 그만큼 검시에 대해 자신이 없었기 때문이다.

《증수무원록》을 만든 이유는 과학적인 수사를 하겠다는 의지였지만 당시의 과학기술 수준은 지금에 한참 못 미쳤다. 예를 들면 "살인한 흉기가 오래되어 혈흔을 분변하기 어려우면 숯불로 달군 후 강한 식초를 뿌리면 핏자국이 선명하게 나타난다"라는 기록이 《증수무원록》에 나와 있는데 지금으로 치자면 초산 반응으로 혈흔을 확인하는 아주 과학적인 방법이었다. 독살로 의심되는 사체에는 반계법(飯鷄法)이라 해서 사체의 목구멍에 밥을 넣은 다음 종이를 한 장 얹어서 1시간 동안 기다리고 그런 다음 사체에서 밥을 꺼내 닭에게 먹이는데 만약 닭이 이상증세를 보이면 독살이라고 판단했다. 경험칙에 근거한 과학적인 접근 방법인 것이다. 하지만 이 반계법은 사용한 닭을 먹고 죽은 사람이 생기면서 영조 6년에 이 방법을 사용하지 못하도록 지시하였다. 만약 이 방법밖에 없어서 닭을 이용할 경우엔 사용한 닭을 바로 폐기처분하도록 조치하였다.

그러나 이런 과학적인 방법 말고도 정말 황당한 방법들도 많았다. 대표적으로 적혈(滴血)이란 것이 있다. 사체와의 친자 유무를 확인하기 위해서 아버지의 유체나 뼈에 친자로 여겨지는 사람의 피를 뽑아 떨어뜨렸을 때 친자의 경우에는 스며들지만 스며들지 않으면 친자가 아니라는 것이었다. 또 친아들이나 친형제가 어려서 헤어졌다 나중에 만났을 때 친형제 혹은 친자임을 확인하려면 각각 피를 뽑아 한 그릇에 떨어뜨려 응고되면 친형제 혹은 친아들이라고 봤다는 것을 보면 비과학적인 부분도 꽤 많았음을 알 수 있다.

이러다 보니 검시를 하는 이들도 결과를 확신하기가 어려웠다. 이런 한계가 재검, 삼검까지 한 원인이 되었다. 과학수사를 표방했지만 과학수사의 길은 아직 멀고도 험했던 것이다.

조선 시대의 연쇄살인범

조선 시대에도 연쇄살인범이 있었다. 오늘날의 사이코패스나 소시오패스 같은 인격파탄자도 있었고, 갑을관계를 이용한 상해나 살인사건도 많았다. 그중 가장 복잡한 사건이 왕족, 그중에서도 왕의 아들인 왕자가 살인사건을 저질렀을 때였다.

대표적인 예가 선조의 여섯째아들인 순화군(順和君)과 관계된 사건이다. 순화군은 오늘날로 말하자면 〈베테랑〉에 등장하는 유아인 같은 재벌 2세 정도라고 보면 이해가 빠를 것이다. 그는 왕자라는 신분을 믿고 살인을 밥 먹듯 저질렀다. 오죽했으면 임진왜란 당시 함경도로 피난 갔을 때 얼마나 그곳 백성들의 재산을 강탈하고 폭행했으면 이곳 백성들이 순화군과 임해군(臨海君)을 잡아다 왜장 가토(加藤清正)에게 보냈겠는가.

그런 그가 임진왜란이 끝난 뒤부터는 고삐 풀린 망아지처럼 밥 먹듯 살인을 저질렀다. 그럴 때마다 사간원은 순화군의 군호(君號)를 박탈한 후 순화군의 구금을 청하곤 했다. 하지만 선조는 왕실의 체면을 생각해 이를 거절했는데 그럴수록 순화군의 행패는 더더욱 제어 불능 상태로 빠져들었다.

길을 가던 두 여인을 아무 연유 없이 죽이고, 술에 취해 무녀를 쇠도리깨로 때려죽이는가 하면, 심지어 향리까지도 때려죽였다. 이렇게 때려죽인 사람이 40명이 넘었다. 그런 그의 비행에 최초로 제동이 걸린 사건은 강간 사건이었다. 다른 여자였으면 그럭저럭 넘어갔을 테지만 왕의 여인인 궁녀를 강간했기 때문에 문제가 불거졌던 것이다. 이 때문에 순화군은 수원으로 유배를 떠났다. 하지만 이곳에서 도 향리 두 명을 죽이고 만다.

왜란이 끝난 직후인 1599년부터 1604년까지 순화군을 탄핵하라는 상소가 계속해서 쌓여갔지만 순화군의 살인 행각은 좀처럼 나아지지 않았다. 한 가지 다행스러운 일은 1607년 삼십대의 젊은 나이로 요절했다는 점이다. 왕도 제어하지 못한 왕자지만 자연의 이치 앞에서는 왕자도 한낱 사람일 뿐이었다.

음란서생

줄거리

조선 최고의 명문가 사대부인 유서가 그림 위조 사건을 수사하다 난잡한 책을 접한 후 음란 소설가가 되면서 벌어지는 이야기다.

특기사항

조선 시대 왕의 목욕 방법을 자세하게 보여주었다. 하지만 왕이 화려한 욕조에서 궁녀들의 시중을 받으며 목욕하는 모습은 고증을 거쳤다고는 하나 너무 관능적인 부분에만 치중한 게 아닌가 싶다.

개봉일 : 2006년 2월 23일
감독 : 김대우

왕들의 목욕을
보여주다.

우리 조상들의 목욕문화를 이야기할 때 절대 빠지지 않는 게 하나 있으니 바로 종교다. 조선이 등장하기 전까지 한반도에서의 종교는 불교가 대세였다. 삼국 시대부터 고려 시대까지 한반도인들은 늘 불교를 가치체계의 중심에 놓고 생활했다. 그런 불교 문화에서 목욕은 세속의 더러운 것을 털어내는 수단으로써 수행 차원으로 생각했다. 그래서 고려 시대 사람들은 목욕에 대해 별 거부감이 없었고, 수시로 목욕하는 걸 즐겼다. 여름철에는 하루에 두 번씩 몸을 씻기도 했고, 남녀노소 가리지 않고 시냇가에서 목욕을 즐겼다. 고려 시대 사람들이 얼마나 깨끗했는지 중국인들은 때가 많다며 비웃을 정도로 제법 청결한 민족이었다. 이런 목욕문화 덕분인지 당시 지배층의 목욕문화 또한 화려했다.

왕의 천성이 청결한 것을 좋아하여 한 달에 목욕하는 비용으로는 여러 향이 10여 항아리에 달하였고 저포는 60여 필에 이르러 이른 바 수건(手巾)이라고 하였는데 내시(內豎)들에게 많이 도난당하였으나 왕은 알지 못하였다.

—《고려사절요》 충숙왕 무진 15년, 1328년의 기록 중 발췌

고려 말 충숙왕 당시 목욕에 관한 기록이다. 향이 10여 항아리라는 건 영화 속에 나오는 로마 귀족들이 향유로 목욕했던 걸 떠오르면 이해가 빠를 것이다. 충숙왕은 왕 전용 향유로 목욕했던 것이다. 여기서 주목해야 할 것은 그다음 문장 '60여 필에 이르는 수건' 분분이다. 이 당시에도 수건을 썼던 것이다. 물론, 고려 시대 수건에 관한 기록은 이보다 더 앞서서도 있다. 즉, 수건은 일상적으로 사용되던 목욕용품이었음을 알 수 있다.

조선 시대의 목욕 방법

고려 시대의 목욕문화가 일상적인 것이었다면 조선 시대는 어떠했을까? 상식적으로 봤을 때 사람이 씻지 않고는 살 수 없다. 문제는 이를 어떻게 받아들이고 어떤 식으로 행동했느냐는 것이다. 명목상으로 조선 시대의 목욕은 예법과 치료의 목적으로 활용됐다. 조선은 성리학을 국가이념으로 받드는 나라였다. 이런 나라에서 고려 시대처럼

84

남녀가 혼욕하는 상황은 용납할 수 없었다. 이는 예를 모르는 오랑캐들이나 하는 행동이었다.

성리학을 받들었던 사대부와 왕실 식구들의 목욕 방법은 목욕 전용 가운을 걸치고 함지박을 파서 만든 욕조에 들어가 씻는 것이었다. 영화 〈음란서생〉에서 왕으로 분한 안내상의 모습을 떠올리면 이해가 빠를 것이다. 전신 목욕 자체를 피했다고 해야 할까? 대신 이들은 신체 부위별로 나눠서 씻는 방법을 택했다. 얼굴을 씻거나 손, 발, 뒷물, 양치 정도가 다였다.

그렇다고 조선 시대 사람들이 전신 목욕을 아예 안 한 건 아니다. 우리가 익히 잘 알고 있는 단옷날(5월 5일) 창포물로 머리를 감는 걸 생각해보라. 조선 시대 사람들은 특별한 날을 잡아 전신 목욕을 했는데 단오를 비롯해 삼짇날(3월 3일), 칠월칠석(7월 7일) 등이 바로 그런 날이다.

고려 시대와 비교하면 좀 더럽다고 해야 할까? 가옥 구조부터가 욕실이란 것이 들어설 자리가 없었고, 이념적으로도 몸을 드러내는 것을 꺼렸던 당시 사회 분위기가 만들어낸 비극이라 할 수 있다. 다만, 목욕의 사회적 의미가 앞에서 언급했던 것처럼 지금과는 달리 예법과 치료 개념으로 받아들여졌다는 걸 염두에 두길 바란다.

예법과 치료 개념으로서의 목욕

예법으로서의 목욕을 단적으로 보여주는 것이 사당(祠堂)이다. 사당이란 신주를 모시고 제사를 지내는 집으로 양반들은 이 사당에 들어가 기도를 하기 전에 재계목욕(齋戒沐浴)을 했다. 부정한 몸과 마음을 깨끗이 씻어내고 마음을 정갈하게 하기 위한 행위였다. 그래서 사당 옆에는 늘 목욕할 수 있는 우물이나 시설이 따로 갖추어져 있었다.

이렇게 사당에서 제사를 지내거나 기도를 하는 경우가 아닌 또 다른 목욕 개념은 치료였다. 대표적인 것이 왕의 온천행이다. 조선 시대 왕들은 기본적으로 종기와 부스럼을 달고 살았다(일종의 가족력 같다). 종기나 부스럼 때문이 아니어도 왕들은 병을 다스리기 위해 수시로 온천을 찾았고, 온천 주변에는 왕들의 임시 궁궐이라 할 수 있는 행궁(行宮)이 지어졌다. 그리고 그 안에 욕실을 두었다.

충청도 감사에게 전지하기를 "환궁한 뒤에 온정의 정청(正廳)과 동서 침실(東西寢室) 및 남북의 상탕(上湯)은 모두 다 봉하여 잠그고, 그 나머지 집에는 사람들이 들어와서 목욕하게 하되, 남북의 다음 탕은 사족(士族) 남녀들에게 목욕하도록 하고, 남북 빈 땅에 있는 탕에도 집을 짓고, 또 월대 밑에 더운물이 솟아나는 곳에도 우물을 파고 집을 지어, 모든 남녀들에게 다 목욕할 수 있도록 하라" 하였다.
　　　　　　　－《조선왕조실록》세종 15년, 1433년 4월 16일의 기록 중 발췌

세종대왕 시절에 온천 목욕을 위한 건물을 올렸는데 세종이 환궁한 이후에는 이 건물을 민간에 개방했던 것이다. 오늘날로 치자면 대통령의 별장인 청남대를 민간에 개방하는 것과 비슷하다 할 수 있다. 기록상의 내용을 보면 온천과 욕실 규모가 제법 컸음을 알 수 있다. 동서에 침실이 있고, 남쪽과 북쪽에 각각 욕실이 있으며, 그 외에도 온천수가 나오는 곳에 따로 건물을 짓게 한 걸 보면 꽤 큰 목욕시설을 갖추고 있었음을 짐작할 수 있다.

세종대왕이 백성을 생각하는 마음에서 자신이 쓰던 목욕탕을 개방했던 것에 반해 호화스러운 욕조를 만들어 목욕을 즐겼던 이도 있었으니 바로 연산군이다.

"큰 놋 목욕통 4개를 튼튼하고 두껍게 주조하여 탄일(誕日) 잔치까지 대궐로 들이라."

—《조선왕조실록》 연산 10년, 1504년 5월 26일의 기록 중 발췌

"대내(大內)에서 쓰는 목욕통에 드는 옻진(漆汁)을 바삐 올려보내라."

—《조선왕조실록》 연산 11년, 1505년 8월 21일의 기록 중 발췌

연산군 시절의 기록이다. 첫 번째 기록을 보면 연산군이 놋으로 욕조를 만들게 했다는 걸 알 수 있고, 두 번째 기록을 보면 옻칠을 한 화려한 욕조를 만들었다는 걸 확인할 수 있다. 실제로 당시 왕의 목욕을 위해 목욕물을 길어 댈 하인 100명을 뽑았다는 기록이 남아있는

걸 보면 연산군의 목욕 편력이 꽤 호사스러웠다는 걸 알 수 있다.

조선 시대에는 고려 시대와 달리 목욕에 대한 사회적 제약이 있긴 했지만 그래도 나름 깨끗하게 씻으려는 방법을 찾고, 나름의 목욕문화도 있었음을 알 수 있다.

조선 시대의 세안제

조선 시대 왕과 왕비는 절대 혼자서 목욕하지 않았다. 어쩌면 당연한 이야기일 수도 있다. 왕은 유모인 봉보부인이 왕비는 유모와 시녀가 목욕 시중을 들었다. 양반들의 경우에도 왕의 목욕과 크게 다르지 않았는데 방 안에 목간통(정방)을 만들어 넣고 주로 함지박을 파서 물을 담았다. 우리의 상식으로는 함지박을 욕조라 볼 수 있겠지만, 이들은 함지박을 욕조로 사용하지 않고 주로 물통으로만 사용했다. 즉, 물을 퍼서 몸에 부었던 것이다. 그렇다면 단순히 물을 끼얹는 정도로만 목욕을 마쳤던 걸까? 아니다. 조선 시대에도 엄연히 목욕용품과 비누가 있었다.

당시 주로 쓰였던 비누는 팥이다. 팥의 껍질을 벗기고 알맹이를 곱게 갈아 만든 팥 비누는 주로 세안을 할 때 쓰였다. 그렇다면 왕이나 양반이 아닌 일반인, 그중에서 남성들보다 위생적으로 더 예민한 여성들은 어떠했을까? 이들도 거의 대동소이했는데 평상시에는 부엌이나 창고 문을 걸어 잠그고 뒷물 등을 하며 버티다 단옷날같이 특별한 날 전신 목욕을 했다. 지금의 기준으로 보자면 비위생적이라 할 수 있지만 당시 시대상을 생각한다면 이 정도만으로도 감지덕지했을 것이다.

왕의 얼굴

줄거리

서자 출신으로 세자 자리에 올라 피비린내 나는 정쟁의 틈바구니에서
끝내 왕으로 우뚝 서게 되는 광해의 파란만장한 성장스토리다.

특기사항

광해군이 점술에 심취했다는 야사를 바탕으로, 실제 광해군이 점이나
풍수지리설로 수많은 궁궐을 창건하고 수도를 옮기려 한 역사적 사실
을 잘 보여주었다.

방영일 : 2014년 11월 19일~2015년 2월 5일
방송사 : KBS

조선 시대 관상의 정점,
중전 간택。

영화 〈관상〉과 연이어 방영된 〈왕의 얼굴〉로 인해 한때 우리나라에서는 관상(觀相) 열풍이 불었다. 이것이 일회성으로 지나가는 이야기면 상관이 없겠지만, 조선 시대에는 관상을 보고 인물을 뽑고 왕이 될 얼굴이 있다는 생각을 품었다면 생각을 달리해봐야 할 것이다. 이런 영화나 드라마에 등장하는 이야기가 조선 시대에 실제로 있었을까? 툭 까놓고 말하자면 이런 식으로 정국을 운영했다는 기록은 어디에도 없다. 그나마 가장 비슷한 예로 꼽을 수 있는 인물이 고종 시절 활약했던 박유붕(朴有鵬) 정도일 것이다.

구한말의 야사를 정리해놓은 황현(黃玹)의 《매천야록(梅泉野錄)》과 《조선왕조실록》을 보면 박유붕에 관한 이야기가 나온다.

청도에 유명한 관상가 박유붕이 있었다. 그는 자신이 자신의 관상을 본 후 한쪽 눈이 애꾸가 되어야 출셋길이 열린다는 점괘로 스스로 한쪽 눈을 찔러 애꾸가 되었다. (중략) 남양부사로 발탁되어 수사함(정3품)까지 올랐다.

—《매천야록》1권 〈갑오이전〉 중 발췌

"방금 본청에 속한 전 영장(營將)인 남양 부사(南陽府使) 박유붕(朴有鵬)이 보고한 것을 받으니, '본부 장교의 구근과(久勤窠) 한 자리는 천전(遷轉)시키기 위해 둔 지가 몇백 년이나 되었는데 두 번 지나간 경술년(1790, 1850)에 본부의 자리를 죽산부(竹山府)에 이속시켰습니다."

—《조선왕조실록》고종 5년, 1868년 1월 25일의 기록 중 발췌

《조선왕조실록》의 기록은 박유붕이 실존 인물이란 사실을, 《매천야록》의 기록은 박유붕의 관상에 대한 의지를 보여주는 대목이다. 자신의 관상을 보고 한쪽 눈을 찌르다니…… 여기에는 여러 가지 이설(異說)이 있는데 스스로 자신의 관상을 본 후 눈을 찌른 게 아니라 스승이 애꾸가 됐다면 좋았을 것이라 해서 눈을 찔렀다는 이야기도 있고, 눈을 찌른 게 아니라 담뱃불로 지졌다는 설도 있다. 어쨌든 그가 애꾸눈이고, 자신의 관상을 위해 한쪽 눈을 스스로 멀게 했다는 건 사실인 듯하다.

관상으로 운명을 엿본 자

박유붕이 관상을 보게 된 건 순전히 그의 아내 덕분이다. 그의 아내, 정확히 말해 그의 처가는 명나라 무장 두사충(杜思忠)의 후손이었다. 두사충은 명나라 기주자사 두교림(杜喬林)의 아들로 상서 벼슬을 하다가 임진왜란이 일어나자 이여송(李如松) 등과 함께 조선으로 출병하였다. 문제는 이때부터였는데 두사충은 당시 풍수, 점술, 관상에 일가견이 있는 사람이었다. 그런 그가 임진왜란이 끝난 후 명나라로 돌아가지 않고 조선에 정착하게 된다. 후대 사람들은 풍수와 점술에 도통했던 두사충이 명나라가 국운이 다했다는 걸 알고, 청나라에 침탈당하기 전에 조선으로 넘어와 정착했다고 말하기도 한다.

이유야 어찌 됐든 두사충은 조선에 정착했고, 정착한 이후 자신의 풍수, 점술, 관상에 대한 지식을 정리한 비전서(秘傳書)를 남겼다고 한다. 박유붕은 두사충의 후손인 두릉 두씨(杜陵杜氏) 집안에 장가를 갔는데 이곳에서 두씨 가문의 비전서를 입수해 관상에 관해 배웠던 것이다.

이런 그가 역사에 이름을 알리게 된 건 흥선대원군(興宣大院君)과의 만남 때문이다. 안동 김씨의 세도가 하늘을 찌르던 철종 시절, 박유붕은 운현궁을 찾는다. 그곳에서 그는 제기를 차고 놀던 흥선군의 둘째 아들 명복을 만난다. 그리곤 유심히 그의 관상을 보더니 냅다 땅에 엎드리며 '상감마마'라고 외쳤다. 이에 놀란 흥선군이 그를 불러 자초지종을 묻자 "운현궁에 왕기가 서렸기에 찾아뵈었더니 둘째 아드님께서 제왕의 골상을 타고 나셨음을 보았습니다"라고 말했다. 당시 상갓집 개라고 놀림 받던 흥선군으로서는 심장이 요동칠 일이었다. 은근히 그때가 언제냐고 묻자 박유붕은 거침없이 4년 후라고 대답한다. 흥선군은 반신반의하긴 했지만 그래도 관상을 보았으니 복채를 주어야겠다고 한다. 하지만 자신의 형편 때문에 제대로 챙겨줄 게 없다고 하자 박유붕은 자신의 말대로 4년 뒤 둘째 아들이 왕이 되면 복채는 그때 받으러 오겠다고 말하면서 단서를 하나 붙인다. "제왕의 관상을 보았으니 최소한 3만 냥은 받아야 할 것입니다."

그리고 4년 뒤 흥선군의 둘째 아들은 고종으로 즉위하고, 흥선군은 대원군으로 올라서게 된다. 박유붕은 약속했던 3만 냥을 받으러 왔다며 다시 한번 운현궁의 문을 두들긴다. 흥선대원군은 박유붕의 능력에 감복해 그를 붙잡는다. 그리고 자신의 옆에서 책사로 있어 줄 것을 부탁한다. 왕의 일을 한마디로 정의하자면 용인(用人), 즉 사람을 쓰는 일인데 사람을 알아보는 것에는 박유붕만한 인물이 없다고 판단했기 때문이었다. 흥선대원군은 그날로 운현궁 바로 옆에 45칸짜리 저택을 마련해주고, 수선교에서 돈암동에 이르는 땅도 하사한다. 복채를 톡톡히 받은 것 같은데 그의 욕심은 여기서 끝나지 않았다.

박유붕은 "죽고 나서 신위에 현고학생부군(顯考學生府君)이라 쓰는 것이 싫으니 나리께서 벼슬 하나 내려주시어 학생 신세 면하게 해주십시오"라고 부탁하기에 이른다. 벼슬을 하지 못한 이는 죽으면 신위에 학생(學生)이라고 쓰게 되어 있는데 이게 싫다는 것이었다. 흥선대원군은 선선히 벼슬자리를 내려주고 그는 언양 현감, 남양 부사를 거쳐 정3품 당상관에까지 오르게 된다.

안타까운 사실은 그의 관상가로서의 운명은 영화 〈관상〉의 그것과 비슷했다는 것이다. 흥선대원군의 그늘에서 승승장구할 거 같았던 그는 두 번의 실수로 명을 재촉하게 된다. 첫 번째 실수는 여흥 민씨 민치록(閔致祿)의 딸 자영(훗날의 명성황후明成皇后)의 관상을 본 후였다. 명성황후의 관상을 본 후 박유붕은 세 번에 걸쳐 흥선대원군을 뜯어말렸다. 훗날 흥선대원군의 앞길을 막을 것이라며 간곡히 말렸지만 흥선대원군은 이를 듣지 않았다.

두 번째는 귀인 이씨(영보당 이씨)의 아들인 완화군(完和君)에 대한 논란 때문이었다. 당시 고종의 서장자였던 완화군은 왕실 식구들의 총애를 한몸에 받았다. 고종과 흥선대원군은 완화군을 원자로 삼으려 했는데 당시 박유붕은 완화군의 수명이 얼마 남지 않았단 걸 알고는 명성황후 편을 들어주는 모양새를 취했다. 이 때문에 고종과 흥선대원군의 노여움을 산 박유붕은 관직에서 쫓겨났고, 이후 칩거 생활을 하다 세상을 뜨게 된다.

그의 사망 시기와 사망 원인에 대해선 말들이 많은데《매천야록》을 보면 스스로 마지막을 예감하고는 나머지 한쪽 눈마저 지져 더 이상 관상을 볼 수 없게 만들었다는 기록도 있고, 명성황후 쪽에서 혼사를 반대한 박유붕을 설득하려 했지만 끝까지 고집을 꺾지 않자 간택이 되고 난 다음 죽였다는 말도 전해진다. 어찌 됐든 야사의 기록만 보자면 그는 자신의 두 눈을 제 손으로 없애버린 불세출의 관상가로 기억되고 있다.

이 기록들을 보면 알 수 있듯 조선 시대에는 관상을 일을 처리하는 데 있어 주요한 판단 준거로 활용됐고, 특히나 왕실에서 많이 활용했음을 추측할 수 있다. 특히 중전을 간택하는 것과 같이 중요한 사안에 대해서는 필히 관상을 봤다고 추리할 수 있다. 그리고 실제로도 그러했다.

여성을 품평하는 방법

중전을 뽑는 건 왕실로서는 국가의 운명을 결정하는 주요한 행사 중 하나였다. 그러다 보니 왕실에서는 당시 사용할 수 있는 모든 검증 체계를 다 동원하고자 했다. 그중에는 당연히 관상도 포함돼 있었다.

보통 중전이나 세자빈을 뽑기 전에는 나라 전체에 금혼령을 내려 국혼을 준비했는데 나라 전체라고는 하지만 보통 서울 안에 살고 있는 여자들만 참여했다. 간택에 들어가는 후보군은 시대를 막론하고 20~30명 수준이었다. 30명 정도의 여성들이 초간택에 참여했는데 이때 30명을 한 줄로 세우고 왕을 포함한 왕족들이 발을 치고 이 여인들을 살폈다. 이후 간단한 점심이 제공되고 식사 후 이들은 모두 집으로 귀가했다. 재간택의 경우도 초간택의 그것과 절차는 같지만, 다만 그 숫자가 줄어든다. 이때가 되면 5~7명 정도로 후보군의 숫자가 줄어들고 실질적으로 재간택으로 세자빈이나 중전 후보가 결정된다.

최종관문인 삼간택은 재간택을 한 지 15일 전후로 행해지는데 재간택에서 낙점한 여인을 최종적으로 확인하는 절차다. 이렇게 내정된 처자는 그 자리에서 왕비 또는 빈궁의 대우를 받아 다른 후보자들에게 큰절을 받으며, 왕과 왕대비를 만나고 나서 사가가 아닌 별궁으로 향하게 된다.

이러한 간택 절차에서 관상이 개입하는 순간은 언제일까? 기본적으로 초간택 때 관상을 봤다. 이때 관상을 본 이들이 바로 내관들이다. 이들은 대비나 중전, 왕실 어른들을 보좌해 처자들의 관상과 간택 당시의 상황을 자세히 확인한 후 이를 보고했다.

그렇다면 당시 중전을 간택할 때 내관들이 주안점을 두고 본 것은 뭐였을까? 이들은 홍만선(洪萬選)이 지은 책인 《산림경제(山林經濟)》 섭생편을 기준으로 처자들을 감별했다. 당시 조선 사람들의 일반상식을 그대로 적용했다고 보면 무방할 것이다. 물론 지금 기준으로는 이해 불가한 내용으로 가득 차 있지만 당시로써는 꽤 중요하게 생각했던 내용들이다. 그 기준 중 일부를 살펴보자.

① 눈썹 양미간이 좁은 여성 중에 명기(明器)가 많다.
② 입술이 붉고 약간 다색의 테두리가 보이는 여성은 자식을 많이 둔다. 반대로 입술 색이 자색, 청백색 등으로 건강하지 못하면 자식도 못 두고 병상에 자주 눕는다.
③ 턱이 긴 여성은 마음이 착하다.
④ 가슴이 평평한(납작) 형일수록 지능지수가 높고 가슴둘레가 석 자(90센티미터)에 가까워지면 지능지수가 떨어진다.

⑤ 눈동자의 흑백이 정확하지 않고 눈동자의 아랫부분이 너무 희게
    보이면 이기주의적인 여성으로 남성을 버린다.
⑥ 양미간이 풍부하고 예쁜 여성은 품행이 단정하다.
⑦ 턱이 비교적 작은 여성은 인내심이 강하다. 시집가서 시가를 일
    으켜 세우고 남편 출세를 기다리며 고생도 참는다.

이밖에도 여성을 품평하는 방법들이 세세하게 나와 있다. 지금의
상식으로는 황당한 내용이지만 당시로써는 이런 조건들에 얼마나 잘
부합하는지 하나하나 살폈다. 왕실의 후손 생산과 정절, 왕실과 조정
의 안녕을 결정짓는 자리였기에 동원할 수 있는 모든 검증체계를 다
동원했던 것이다. 내시들은 이런 조건들에 부합하는 여성들이 있는지
세세히 살핀 다음 대비전이나 왕실 어른들께 보고했다.

이때 주목해봐야 할 것이 초간택과 재간택 때에는 간단한 점심상
이 들어왔다는 대목이다. 내시들은 이 점심시간에 물을 부어서 밥 한
톨까지 깨끗하게 먹는 처자에게 주목했다. 절에서 스님들이 하는 발
우공양 같다고 해야 할까? 그런 여인들은 근검절약이 몸에 밴 여인들
로 왕실의 중흥을 이끌 것이라 기대했기에 높은 점수를 받았다고 한
다. 그나마 상식적인 기준이 적용됐다는 사실에 안도해야 할까? 이래
저래 많은 생각을 하게 되는 조선 시대 간택 이야기다.

궁궐의 법도

중전과 후궁을 결정짓는 차이 중 하나가 자식들과의 대화다. 중전
은 자기 자식들은 물론 후궁 소생의 자식들에게까지 해라체를 쓰며
자연스럽게 대화했지만, 후궁의 경우는 자기가 낳은 자식들에조차
높임말을 써야 했다. 이유는 간단한데 왕의 자손들은 고귀한 왕의
핏줄을 이은 왕족 신분이지만, 후궁의 경우는 왕을 모시는 신하라
고 봤기 때문이다. 만약 후궁이 자기가 낳은 자식이라고 반말을 했
다간 왕족을 무시하고 업신여기는 행동으로 받아들였다.

실제로 자식에게 반말했다가 폐서인 위기까지 몰린 후궁이 있었으
니, 바로 효종의 후궁이었던 안빈 이씨였다. 안빈은 자기가 낳은 딸
인 숙녕옹주(淑寧翁主)와의 대화 중 무심결에 '너'라는 호칭을 썼다
가 효종의 분노를 사고 만다. 안빈의 행동은 왕실을 능욕한 행위였
던 것이다. 안빈 이씨는 궁에서 내쫓겨 폐서인이 될 상황이었는데
당시 중전이었던 인선왕후(仁宣王后)의 중재로 겨우 처벌을 피할 수
있었다고 한다.

정도전

줄거리

고려의 혼란한 상황을 고민하다 결국 역성혁명을 결심하고 조선 건국에 매진하는 정도전의 일대기를 그린 작품이다.

특기사항

정도전은 말 그대로 조선왕조의 설계자였다. 무엇보다 정도전이 생전에 추진했던 정책들은 정적이었던 이방원에 의해 고스란히 계승되었다는 사실에 주목해야 할 것이다.

방영일 : 2014년 1월 4일~2014년 6월 29일

방송사 : KBS

바보야 문제는
부동산이야!!.

대하사극 〈정도전〉을 보다 보면 배경으로 절이 나오는 경우가 심심찮게 등장한다. 권신 이인임(李仁任)이 이성계를 함정에 몰아넣기 위해 절을 배경으로 음모를 꾸미거나, 만남의 장소로 절을 사용하는 경우가 많았기 때문이다. 반면 이성계 휘하의 장수들이 정몽주(鄭夢周)나 정도전(鄭道傳)을 보며 "맹자를 들고 있는 걸 보니 유자(儒者)더냐?"라며 유학자들을 낯설어하는 모습을 확인할 수 있다. 이런 대사를 듣다 보면 우리의 뇌 어딘가에 숨어 있던 숭유억불(崇儒抑佛)이란 단어를 떠올리게 된다.

이성계(李成桂)로 대표되는 무력과 정도전으로 대표되는 사상이 결합돼 조선이란 나라는 건국됐다. 여기서 사상이란 여말선초에 우리나라에 유입돼 체계화된 중국의 성리학이고, 이 성리학으로 무장한 신흥사대부들은 조선 건국 후 불교를 철저히 탄압, 조선을 성리학의 나라로 만들었다. 여기까지가 우리가 알고 있는 조선 건국 스토리고, 우리 머릿속에 각인된 '숭유억불'이란 단어의 개괄이다.

생뚱맞게 국정교과서 시절 이야기를 꺼낸 것은 이 숭유억불의 실체에 대해 말하기 위해서다. 아쉽게도 역사책, 특히나 교과서란 타이틀이 들어가 있는 역사책은 뭔가 있어 보이려고 노력한다. 즉, 포장돼 있다는 것이다. 그렇다면 고려 말 성리학으로 무장한 사대부들이 폭발적으로 증가한 이유는 뭘까? 성리학이 위대한 사상이라서? 불교가 시대 트렌드를 못 쫓아가서?

이 대목에서 1992년 미국 대선에서 빌 클린턴이 현직 대통령 조지 허버트 부시(아버지 부시)를 누르고 백악관에 입성할 수 있게 만들었던 어구 하나를 상기시켜보겠다.

"문제는 경제야, 바보야(It's the economy, stupid)!"

그렇다. 경제! 그것도 콕 찍어 부동산문제가 숭유억불정책 행간에 숨어 있던 진짜 이유였다(우리가 교과서에 배운 역사적 사건 이면에는 대부분이 경제문제가 배경에 숨어 있다). 당시 성리학이 발생한 이유, 즉 송나라에서 만들어진 오리지널 성리학의 탄생 배경과 고려 말의 사회경제적 상황을 확인하면 그 이유를 알 수 있다.

성리학의 발생 배경과 요인

첫째, 성리학의 발생 배경

요즘 SNS에서 사용하는 표현으로 하면 정신 승리다. 분명 싸움에서 졌는데 안 졌다고 자신을 위안하던 것이 성리학이다.

"내가 본점을 빼앗기긴 했지만 그래도 맛은 우리가 더 맛있어! 아니, 맛의 비법은 내가 가지고 있으니까 그래! 여기가 바로 본점이야!"

잘나가던 설렁탕집에서 형제간의 갈등으로 본점은 동생이 가져가고, 쫓겨난 형은 지방 어딘가에 분점을 내고는 속을 끓이는 모습을 상상해보라! 딱 그 상황이다. 당시 송나라(남송)는 오랑캐에게 중원을 빼앗겼지만 정통성은 자신들에게 있다고 주장하고 있었다. 당시 중원을 차지한 금나라가 실질적인 중원의 주인이긴 하지만 정통성은 자신들에게 있다는 자기 위안이 필요했던 것이다. 성리학이 명분론에 집착했던 이유가 여기에 있다.

둘째, 경제적인 요인

당시 남송이 위치했던 양쯔강 유역은 풍부한 수량 덕분에 수전농업을 할 수 있던 지역이었다. 덕분에 사회지도층에 변화가 생겼다. 당나라 시절만 하더라도 형세호(形勢戶)라 불리던 대지주가 경제의 주역이었으나 남송 시대에는 중소지주들이 경제의 주역이 되었다. 즉, 재벌 위주의 경제에서 중소기업 위주의 경제체제로 바뀐 것이다. 그러다 보니 이들 중소지주를 위한 학문이 필요했다!

> "커다란 본점 하나가 시장을 이끌던 시대는 지났어! 시대는 작은 분점 여러
> 개가 끌고 가는 집단지도체제로 바뀌었어. 그렇다면 분점 체제에 맞는 사상
> 이 필요해!"

이런 시대적 필요성 때문에 성리학이 발전하게 되었던 것이다. 성리학이 유달리 자신의 인격함양과 예의에 집착했던 것 역시 여기에 있다. 재미난 사실은 고려 말 신흥사대부 세력들의 경제적 여건이 이와 똑같았다는 점이다. 남송의 지주들과 마찬가지로 신흥사대부들도 중소지주였다. 이들의 경제적 기반이 똑같았다는 것이다. 한마디로 말해서 성리학이란 중소지주 자리에서 우주와 사회, 인간을 해석한 중소지주의 철학이었던 것이다.

다시 말하지만 경제문제가 수반하지 않은 철학이나 사상은 없다. 경제적인 문제가 있기에 사상이 만들어지는 것이다.

불교는 왜 억압받았는가?

여기서 궁금한 것이 억불에 관한 내용이다. 이제까지 숭유에 관한 설명을 했으니 당연한 수순이다. 단도직입적으로 물어보자. 왜 불교를 억압했을까? 새로운 시대에는 새로운 패러다임이 득세하게 돼 있

다고 단순하게 결론을 내리고 넘어가야 할까? 하지만 그렇게 생각하는 건 너무 단순하다. 조선 개국 당시의 사대부, 즉 양반 수는 전체 인구의 3% 수준 내외였다. 나머지는 일반 백성들과 천민들이었다. 그렇다면 이들도 공맹의 도리와 성리학을 받아들였을까? 아니다. 이들 곁에는 여전히 불교가 남아있었고, 불교는 조선이 끝나는 날까지도 살아남아 지금까지 면면히 이어지고 있다.

조선의 틀이 완벽하게 갖추어진 세종 때도 성리학은 양반들의 철학이었지 일반 민중들의 철학이 아니었다. 그럼에도 불구하고 성리학이 빠르게 전파되고 조선의 통치 철학으로 인정받을 수 있었던 것은 앞에서 언급한 경제문제, 좀 더 정확하게 말하자면 부동산문제 때문이었다. 부동산문제라니까 재테크를 생각할 수도 있는데 당시 부동산문제는 단순히 소유의 개념이 아니라 생존의 문제였다.

고려 말에 사원이 소유하고 있었던 사원전(寺院田)은 약 10만 결에 이르렀는데 당시 고려 전체의 토지 면적이 62만 결이었다는 걸 고려한다면 전체 토지 면적의 1/6에 해당하는 엄청난 면적이었다. 1결은 지금으로 치면 80마지기로 약 16,000평이다.

이런 어마어마한 면적의 땅을 어떻게 절이 소유하게 된 것일까? 절이 소유한 토지의 대부분은 왕이 절에 시주한 시납전(施納田)이었다. 처음에는 1,000결 정도(16,000,000평이다!)로 가볍게 시주했는데 이게 쌓이고 새끼를 치면서 고려 말에 이르면 10만 결에 이르게 된다. 단순히 땅을 많이 가지고 있는 것만이 문제가 아니었다. 많이 가지고 있어도 세금만 낸다면 국가의 재정 면에서 별문제 없었을 텐데 사원전은 기본적으로 면세지였다.

《조선왕조실록》을 보면 태종 2년(1402년)이 지나서야 비로소 사원으로부터 세금을 받았다는 기록이 있다. 고려나 조선이나 기본적으로 전세(田稅)를 세수의 기본으로 하는 나라인데 전체 토지의 1/6이 면세지니 국가 재정에 심각한 타격을 줄 수밖에 없었다. 더 큰 문제는 사원전이 늘어나면서 일반 백성들의 경작지가 줄어들었다는 것이다. 결국, 이들은 사원전의 소작인으로 들어갔고, 자연스럽게 중산층이 붕괴됐던 것이다.

이런 상황을 단적으로 표현한 말이 바로 '백성들은 송곳 하나 꽂을 땅도 없다'란 말이다. 귀족들과 절은 플랜테이션 규모의 대단위 농장을 운영해 기업형태의 농업을 했지만, 일반 백성들은 송곳 하나 꽂을 땅조차 없었으니 사회적으로 불만이 쌓일 수밖에 없었다. 이때 치고 들어온 것이 바로 중소지주들의 철학인 성리학이었다.

> "이제 재벌 중심으로 농사를 짓던 시대는 지나갔다! 커다란 고래 한 마디가 바다를 헤엄치는 것보다는 가오리나 대구같이 적당히 큰 어종들이 다양하게 서식하는 것이 전체 생태계에 더 좋다! 성장보다는 분배다! 성리학은 분배의 정의를 실천하는 철학이다!"

이성계가 정권을 잡자마자 토지개혁을 단행해 백성들의 지지를 끌어낸 것도 바로 이런 이유에서였다. 단순히 성리학이 불교보다 우월해 고려가 망하고 조선이 건국된 게 아니다. 인간 세상의 모든 일은 결국 돈과 연관되어 있다는 사실을 다시 한번 확인할 수 있는 대목이다.

그럼 조선 시대의 불교는 어떻게 됐을까? 고려 말에는 전체 토지의 1/6을 소유할 정도로 위세를 떨치던 불교였지만, 조선이 개국한 뒤로는 철저하고 세밀한 압박 때문에 그 힘을 제대로 한 번 써보지도 못하고 몰락하고 만다. 양반 사대부들은 툭하면 절로 찾아가 중들을 구타하고, 두부를 만들라, 종이를 만들라 하며 괴롭혔다(당시 두부는 굉장히 귀한 음식이었다). 경치 좋은 곳에 있는 절 같은 경우에는 양반들의 산행에 동원돼 중들이 가마를 맨 채 양반들의 유람 길을 수행해야 했다.

국가 차원에서는 더 큰 재앙이 기다리고 있었는데 나라에서 큰 공사(산성을 쌓는)가 있으면 1순위로 차출되는 것이 중이었다(산성을 쌓고 난 후에는 경비도 서야 했다). 노동력을 제공하고 군사력까지 제공했으면 할 만큼 한 것인데, 이들은 산성을 유지하기 위한 세금까지 내야 했다. 고려 500년 동안 영화를 누렸던 불교지만 조선 건국과 함께 성리학에 밀려 몰락의 길을 걸어야만 했다. 숭유억불이라는 말의 이면에는 이런 속사정이 있었다.

이판사판(理判事判)

우리가 곤란한 지경에 이르렀을 때 흔히 사용하는 말 중에 '이판사판'이란 말이 있다. 한자말 이판(理判)과 사판(事判)이 합쳐져서 만들어진 말이다. 이 말의 어원은 조선 초기 숭유억불 정책이 시작되면서 회자되기 시작했다.

조선 건국에 신흥 유학자 사대부 세력이 대거 참여했는데, 고려의 지배세력이 불교를 지지했기 때문에 그들을 척결하기 위해 불교를 탄압하게 되었다. 또한 고려의 숭불정책으로 막강한 정치세력으로 등장한 불교의 폐해도 문제점으로 지적되었다. 이러한 배경으로 인해 불교는 조선의 건국과 함께 하루아침에 탄압의 대상이 되었다.

당시에는 참선(參禪)과 독경(讀經)에 힘쓰며 세속의 세계와 거리를 두는 이판승(理判僧)과 절의 살림과 운영을 담당하는 사판승(事判僧)이 있었다. 이판승만으로는 절이 유지될 수 없었고, 사판승만으로는 불가의 도를 행할 수 없었다. 결국 이 둘은 어느 한쪽만으로는 존재할 수 없는 존재다. 당장 불교를 억압하는 환경 속에서 사판승들은 어쨌든 불교의 명맥을 이어나가기 위해 왕실의 원찰(願刹)이나 양반 부녀자들을 상대로 절을 지켜나가는 방법을 선택했고, 이판승들은 아예 산속으로 들어가 참선과 독경으로 불법을 지키는 방법을 택했다.

이판사판이란 말은 자주 충돌하는 이판승과 사판승의 모습에서 따온 말이다. 이 둘이 마지막에 가서는 서로 주먹다짐과 멱살잡이를 했기 때문이다. 현실적으로 절을 지키기 위해 싸운 사판승과 속세를 떠나 불법에 정진한 이판승들이 생각이 서로 다를 거라는 건 삼척동자도 알 것이다.

하지만 두 부류의 갈등이 전이되어 부정적인 의미로 쓰인 데엔 시대적인 상황이 작용한 것 역시 크다. 조선의 억불 정책으로 승려는 최하 계층의 신분이 되었으며, 도성에서 쫓겨나고 출입조차 금지되었다. 자연히 당시 승려가 된다는 것은 인생의 막다른 마지막 선택이었다. 그래서 이판이나 사판은 그 자체로 '끝장'을 의미하는 말로 사용되기에 이른다.

그러나 두 부류 모두 자신의 소임을 다했기 때문에 조선 시대를 거쳐 지금의 현대불교가 완성됐다 할 것이다.

징비록

줄거리

임진왜란 당시 조선의 최고 지도자로 전쟁을 직접 진두지휘했던 서애 류성룡의 일대기를 그린 작품이다.

특기사항

오늘날의 국방부 장관이라 할 수 있는 도체찰사, 국무총리라 할 수 있는 영의정으로 활약하면서 임진왜란 7년 동안 조선을 이끈 류성룡을 재조명하였다.

방영일 : 2015년 2월 14일~2015년 8월 2일
방송사 : KBS

이순신 장군을 천거했던
홀대받은 영웅.

방영 전 인터뷰에서 김상중(류성룡 역)이 "우리의 역사를 만들고 지
켰던 수많은 선조들 중 획기적인 인물이었음에도 그를 홀대했고, 이
순신(李舜臣) 장군을 천거했던 인물 정도로만 알고 있는 것 같다. 이번
에 확실히 이 분이 어떤 분인지, 이 시대를 살며 왜 이 분을 재조명해
야 하는지를 알려드리려 한다"라고 출사표를 던진 것에 주목해봐야
한다. "수많은 선조들 중 획기적인 인물이었음에도 그를 홀대했고, 이
순신 장군을 천거했던 인물 정도로만 알고 있는 것 같다"란 대목이다.
　　류성룡(柳成龍)을 언급할 때마다 늘 따라다니는 이름 이순신. 우리
의 뇌리에 임진왜란은 이순신 장군 덕분에 이긴 전쟁이었고, 류성룡
은 그런 이순신 장군을 천거한 인물 정도로만 알려져 있다. 이순신 장
군의 조카인 이분(二芬)이 쓴 《이충무공 행록(李忠武公行錄)》에도 이 부

분이 잘 나와 있다.

"오직 서애 류정승만이 같은 동리에서 살던 어린 시절의 친구로서
공이 장수의 재목이라고 알아주었다."

이 기록을 보면 단순히 류성룡이 이순신 장군과 어린 시절 친구였
기에 일찌감치 그를 알아봤다는 뉘앙스로만 읽힌다.

이순신의 친한 동네 형

류성룡과 이순신은 어린 시절부터 친하게 지냈다. 이런 표현이 적
합할지는 모르겠지만 이순신에게 있어서 류성룡은 친한 동네 형이었
다. 허균이 쓴 개인 문집인 《성소부부고(惺所覆瓿藁)》를 보면 이렇게
나와 있다.

"나의 본가는 건천동(乾川洞 : 오늘날의 서울 중구 인현동)에 있었다. 겨
우 34가구뿐이었지만 저명한 인물이 많이 나왔다. 근래는 류성룡,
나의 형 허봉(許篈), 이순신, 원균(元均)이 한 세대다."

나이로 따지자면 류성룡이 1542년생이고, 이순신이 1545년생이
니 친한 동네 형이라 할 만하다. 친하지 않다 하더라도 34가구가 사는

작은 동네에 살면서 비슷한 연배였으니 최소한 안면은 있었을 것이다. 기록에도 이러한 사실이 나와 있는데《조선왕조실록》에 보면 류성룡이 이순신을 평하길 같은 동네에 살아 이순신의 사람됨을 잘 안다며 그의 강직한 성품에 대해 말한 것이 기록되어 있고,《징비록(懲毖錄)》에도 이순신이 어릴 때부터 똑똑하고 활달했으며 또래 친구들과 전쟁놀이를 많이 했다고 기록되어 있다.

이런 친분은 나이가 들면서 더 깊어졌는데《난중일기(亂中日記)》를 보면 류성룡과 이순신이 서신 교환을 했다는 기록이 많고, 심지어 이순신의 꿈에 류성룡이 등장했다는 기록도 있다. 이순신이 한양으로 압송돼 한 달 가까이 추국을 당한 뒤 출소한 다음 날 만난 사람 또한 류성룡이었다. 이런 사실만으로도 그들의 관계가 얼마나 친밀했는지 알 수 있다. 이 우연찮은 인연이 조선을 구해낸 것이다. 이를 두고 단순히 운이 좋았다 말할 수 있을까?

임진왜란이 끝나고 난 후 왜란 극복에 공이 있는 이들에게 포상을 내린 바 있다. 이 중 왜적과 싸워 공이 있는 인물들에게는 선무공신(宣武功臣)이란 녹훈을 내렸는데, 선무 1등 공신 세 명 중 두 명이 바로 류성룡이 추천한 인물 이순신과 권율(權慄)이다(나머지 한 명은 선조가 억지로 끼워 넣은 원균이다). 임진왜란 삼대첩인 한산대첩과 행주대첩의 영웅이자 각각 바다와 육지에서 조선군을 지휘했던 명장들이다.

전쟁을 진두지휘한 영의정

류성룡이 이순신을 추천한 건 익히 알려진 사실이지만, 권율을 추천했다는 사실은 잘 알려지지 않았다. 류성룡은 전란이 있기 전인 1590년 우의정으로 승차하자마자 장차 있을 전쟁에 대비해 두 명의 인물을 추천했는데 형조좌랑 권율을 의주 목사에, 정읍 현감 이순신을 전라도 좌수사에 천거했다. 당시 류성룡은 자신의 이름과 직위를 걸고 이 두 사람을 몇 단계나 승진시켜 부임시키는 용단을 내렸다. 만약 류성룡의 추천이 없었다면 임진왜란은 일본의 승리로 끝났을지도 모를 일이다.

이렇게 보면 류성룡은 단순히 사람 보는 안목이 뛰어난 인물처럼 보이지만 그는 시대가 낳은 천재였다. 실제로 퇴계 이황(李滉)의 수제자로 성리학뿐만 아니라 양명학, 불교, 도교, 풍수지리, 병학, 의학에도 뛰어났으며(허준淸源에게 침술을 조언했을 정도다), 천문과 점술, 바둑과 같은 잡기에도 능했다. 이중 바둑은 조선을 대표할 정도의 실력이었다고 한다. 당시 원병을 이끌고 조선에 온 명나라 장수 이여송(李如松)과 선조의 바둑 대국은 그의 바둑 실력을 추측해볼 수 있는 유명한 일화다. 선조는 바둑을 둘 줄 몰랐는데 그런 선조의 체면을 세워주기 위해 류성룡은 양산에 구멍을 내어 구멍 틈으로 들어오는 빛으로 선조에게 훈수를 뒀다고 한다. 더 대단한 건 이여송의 체면을 살려주기 위해 무승부로 대국을 끝냈다는 것이다.

그러나 그의 진정한 면모는 그가 임진왜란 내내 영의정이자 도체찰사(都體察使 : 총사령관)로 전쟁을 진두지휘했다는 것이다. 그는 똑똑할 뿐만 아니라 결단력과 함께 앞날을 내다볼 줄 아는 혜안, 추진력까지 두루 갖춘 인물이었다. 20일도 안 되어 수도 서울이 함락된 와중에 선조는 평양을 거쳐 의주로 겨우 피신한다. 속속 들려오는 패전 소식에 공포에 휩싸인 선조는 결국 명나라로의 내부(內附 : 망명)를 입에 올리게 된다.

당시 기록을 보면 선조는 "내부하는 것이 본래 나의 뜻"이라며 요동으로 도망가겠다고 신하들 앞에서 공공연하게 발언하였다. 이때 류성룡의 말이 압권인데 그는 옆에 있던 승지 이항복(李恒福)을 꾸짖으며 "어가가 우리 국토 밖으로 한 걸음이라도 떠나면 조선은 우리 땅이 되지 않습니다"라고 얘기해 선조를 강력하게 말렸다. 결국, 그의 의견을 좇아 조정 대신들은 내부책을 반대했다(물론 선조의 강력한 주장에 밀려 명나라에 내부를 요청하긴 했지만 명나라가 이를 거부했다).

이런 결단력과 함께 그의 치밀한 계산과 추진력은 임진왜란 극복에 큰 도움이 됐는데, 도체찰사로 명나라 군대에 대한 군량 보급은 물론 명나라 장수들과 원활한 의사소통이 가능했던 것도 그의 공로다. 아울러 전란 중 명나라에 파견하는 사신이나 문서 작성에 관여한 것은 기본이었고, 조선군의 전술 전략을 제시한 것도 류성룡이었다.

그의 군사적 재능에 대해서는 잘 알려져 있지 않은데 조선 후기 조선군 군제의 핵심이 되는 훈련도감(訓鍊都監) 창설을 주도한 것 역시 류성룡이었다. 선조 26년(1593년) 평양성을 탈환하고 전황에 여유가 생기자 류성룡은 훈련도감 창설을 통해 전력 강화에 나섰던 것이다.

여기까지만 봐도 류성룡이 임진왜란 극복에 얼마나 공이 큰지 미루어 짐작할 수 있을 것이다. 류성룡은 단순히 이순신을 추천한 인물로 알려져 있지만, 이순신이 이순신일 수 있었던 건 류성룡이 있었기 때문이다. 이런 인연 때문이었을까? 류성룡이 파직한 하루 뒤에 이순신은 노량해전에서 전사하고 만다.

일본에 수출이 금지된 책《징비록》

류성룡 이야기를 하면서《징비록》에 관한 이야기를 빠뜨리면 서운할 것이다.《징비록》의 징비(懲毖)란《시경(詩經)》의〈소비편(小毖篇)〉의 한 대목인 "미리 징계하여 후환을 경계한다(豫其懲而毖後患)"라는 것에서 따온 말로 류성룡의 임진왜란에 대한 반성의 기록이라 할 수 있다.

이《징비록》에서 눈여겨봐야 할 대목은 일본을 지칭할 때 왜적(倭敵)이란 표현과 함께 '일본(日本)'이라는 국호를 동시에 사용했다는 점이다. 임진왜란 직후 일본에 대한 적개심이 불타오르던 시절 류성룡은 좀 더 객관적으로 사실을 서술하기 위해 냉정한 시선으로 일본을 바라보고자 했다. 역사적으로 봤을 때《징비록》이 등장하기 전까지 임진왜란에 대해 서술한 책들 대부분은 사실을 왜곡하거나 자신들의 입장에서만 서술한 단편적이고 주관적인 견해가 많았다. 조선, 일본, 명나라 3국이 전쟁에 참여했고, 이 때문에 후금이 득세할 기회가 만들어진 동북아시아 최대의 국제 전쟁이었지만 그 이해의 폭은 지극히 협소했다.

대표적인 예가 명나라에서 기록한 《양조평양록(兩朝平攘錄)》인데 이 책을 보면 일본의 궁극적인 침략 목적이 명나라였던 점은 쏙 빼고, 단순히 일본이 조선을 침략했고 명나라는 번국인 조선을 도와야 한다는 도의적인 명목으로 참전하여 일본을 격퇴했다고 서술하고 있다.

하지만 《징비록》은 저자인 류성룡이 전쟁 당시 의정부와 비변사 수장인 영의정과 체찰사로서 전쟁을 직접 진두지휘하며 얻은 수많은 정보를 기반으로 더욱 객관적이고 폭넓게 서술하였다. 일본과 명나라 등과의 외교 관계뿐만 아니라 참전했던 장수들의 성격과 성과, 주요 전투 기록과 일반 백성들의 생활상 등등 임진왜란 전반에 대해 총체적으로 기록되어 있다. 물론 인간이기에 어쩔 수 없는 한계도 보인다. 임진왜란 당시 자신에게 쏟아졌던 비난과 몇 가지 실수에 대한 변명과 누락(이순신을 모함했던 것에 가세했던 전력)이 보이지만, 이는 오차범위 안의 문제다.

재미난 사실은 이 책이 일본에는 수출이 금지됐었다는 것이다. 1695년 《징비록》이 일본 교토에서 간행됐는데 임진왜란에 대한 반성과 대비를 당부하는 이 책을 일본인들이 보는 것이 두려웠던 조선 정부는 1712년 《징비록》 수출을 금지시켰다. 그러나 금지하면 할수록 사람들은 더 찾게 되는 법. 결국, 류성룡은 이 《징비록》 덕분에 신숙주(申叔舟)와 더불어 조선 정치인 중 일본에서 가장 많이 알려진 정치인이 되었다(신숙주는 일본에 대해 서술한 《해동제국기海東諸國記》 덕분에 일본 내에서 유명인사가 됐다).

　배우 김상중의 출사표처럼 류성룡은 홀대받은 영웅임에 틀림없다. 드라마 〈징비록〉은 지금이라도 그에 대한 평가를 바로잡으려는 노력이 있었다는 점에서 크게 인정할 만한 작품이다.

훈련도감(訓鍊都監)

류성룡의 수많은 업적 중 한 가지를 꼽아보라는 건 매우 어려운 일일 것이다. 그럼에도 불구하고 한 가지를 꼽으라 하면 바로 훈련도감의 창설이라 할 수 있을 것이다. 임진왜란이 한참이던 1593년 명나라 척계광(戚繼光)의 《기효신서(紀效新書)》 중 절강병법(浙江兵法)을 받아들여 만들어진 훈련도감은 화포를 사용하는 포수(砲手), 활을 사용하는 사수(射手), 칼과 창을 사용하는 살수(殺手) 삼수병(三手兵)으로 구성되었는데 이전의 5위 병사들과 달리 한 달에 쌀 6말을 받는 직업군인으로 구성되어 있다.

최초 1천여 명 규모로 유지되던 훈련도감은 임진왜란이 끝난 뒤 약화되었지만, 이후 후금이 대두되면서 다시 성장, 병자호란 직전에는 포수만 5천여 명이나 되는 조선 최고의 정예군으로 성장했다. 1881년 고종의 군제개혁이 있기 전까지 실질적인 조선 최고의 군사기관이었다.

옥중화

줄거리

조선 명종 때 전옥서를 배경으로 주인공 옥녀가 당대의 권력자들과 싸워나가는 이야기다.

특기사항

조선 시대 죄수를 관장하던 전옥서라는 공간을 전면에 내세워 조선의 사법체계를 소개하였다. 전옥서 외에도 평시서, 체탐인, 외지부 등 생소한 관청과 직업 등이 등장한다.

방영일 : 2016년 4월 30일~2016년 11월 6일
방송사 : MBC

감옥은 그때나
지금이나 힘들다。

　〈상도〉이후 처음으로 이병훈 PD와 최완규 작가가 다시 만났다. 최고의 PD와 최고의 작가가 만났다는 사실만으로도 많은 시청자의 마음을 설레게 했는데 소재 또한 특이해 방영 전부터 많은 관심을 끌었다. 조선이 왕조 국가이긴 했지만 엄연히 《경국대전(經國大典)》이라는 헌법이 있었고, 이 법을 기반으로 나라를 통치했던 법치국가였다 (전제왕조 국가였다는 점은 변함없지만).

　〈옥중화〉는 조선 시대의 사법체계, 그중에서도 소송대리인과 감옥을 중심으로 진행되는 이야기다. 여기서 소송대리인이라 하면 우리가 흔히 알고 있는 변호사를 생각하면 될 것이다.

법을 어지럽히는 사람들

조선에서의 소송대리인을 외지부(外知部)라 하였다. 당시 이 외지부에 대한 사회적 시선이 어떠했는지는 기록에도 잘 나와 있다.

"외지부에서 조작한 문서로 송사하는 사람을 꾀어 뇌물을 몰래 받고 시비를 혼란시키는데, 법을 어지럽히는 사람은 사람들이 두려워하고 미워하지만, 그들의 보복을 두려워하여 감히 고발하지 못하니, 사람들에게 잡아 고발하도록 하되 한 사람을 고발하는 사람은 면포(綿布) 50필을 상주고, 알면서도 고발하지 않은 사람은 장(杖) 1백 대를 때려 유 삼천리(流三千里)하고……."

—《조선왕조실록》 연산 8년, 1502년 4월 30일의 기록 중 발췌

기록을 보면 알겠지만 외지부에 대한 시선은 곱지 않았다. 아니, 상당히 좋지 않았다. 오늘날 사건 현장을 하이에나처럼 돌아다니며 사건을 수임하는 사건 브로커를 생각하면 이해가 빠를 텐데 그 뿌리는 생각보다 깊다.

외지부의 시작은 고려 시대까지 거슬러 올라가는데 당시 노비 장부와 소송을 담당했던 도관(都官)이란 관청이 있었다. 이것이 세월이 흘러 장예원(掌隷院)으로 명칭이 바뀐다. 이 장예원에 속한 관직 중 하나가 도관지부(都官知部)인데 여기서 지부란 지부사(知部事)를 의미한다. 이 지부사는 형부 소속의 종3품 관직명이다. 이들은 노비의 소유

권이나 분쟁에 관한 소송을 판결하는 것이 주 업무였는데 이들 말고 관청 밖에서 지부사 행세를 하는 이들이 바로 외지부, 즉 도관 밖에서 지부사 행세를 하는 이들이었다.

이들은 관원이 아니었고, 국가로부터 어떠한 권한을 위임받은 것도 아니었으며, 어떤 특별한 자격시험을 거친 것도 아니었다. 다만 그들이 가진 법률적 지식과 경험, 인맥을 가지고 소송을 부추기거나 소송인에게 대가를 받고 소장을 대신 작성하는 일을 했다. 이들의 목적은 당연히 법률자문으로 소송에서 승소하고 그 대가를 받는 것이었다.

상황이 이렇다 보니 주변의 시선은 곱지 않을 수밖에 없었다. 소송하지 않아도 될 일을 소송하게 한다거나, 제멋대로 법률적 해석을 함으로써 법률체계를 어지럽히는 등 사회적 이익보다 폐해가 더 컸다. 상황이 이러하다 보니 나라에서는 외지부 활동을 금지시켰다.

"지난날 전지(傳旨)에, '무뢰배(無賴輩)가 항상 송정(訟庭)에 와 서서 혹은 품을 받고 대신 송사(訟事)를 하기도 하고, 혹은 사람을 인도하여 송사를 일으키게 하며, 법률 조문을 마음대로 해석하여 법을 남용해서 옳고 그름을 변경하고 어지럽게 하는데 시속(時俗)에서 외지부라고 하니, 쟁송(爭訟)의 번거로움이 진실로 이러한 무리로부터 말미암는 것이므로, 마땅히 엄하게 징계하여 간사하고 거짓됨을 없애야 할 것이다'라고 하였습니다."

―《조선왕조실록》성종 9년, 1478년 8월 15일의 기록 중 발췌

이러한 이유로 성종 때 와서 외지부를 불법으로 규정했다. 공식적으로 외지부가 사라지게 된 것이다. 그러나 사람이 살다 보면 송사가 일어나는 일은 다반사고, 모든 사람이 법률적 지식을 다 가지고 있는 게 아니기에 계속해서 전문적인 법률지식을 가진 이의 서비스를 찾을 수밖에 없었다. 그렇지만 이건 엄연히 불법이었다.

각별한 관심과 보살핌을 받는 감옥 생활

외지부와 함께 〈옥중화〉의 또 다른 무대가 된 것이 바로 조선 시대의 감옥 전옥서(典獄署)다. 소송이 일어났으니 감옥에 들어가는 건 당연한 이치. 그런데 오늘날의 기준으로 조선 시대 감옥을 바라보면 안 된다. 조선 시대에는 감옥에 가두는 수감형이 없었다. 조선 시대에는 죄를 지은 이들은 사형을 당하거나 유배를 가거나 몸으로 자신의 죗값을 치러야 했다(사형, 도형徒刑, 장형杖刑, 태형笞刑 등). 그렇다면 전옥서는 뭘까? 바로 형을 선고받기 전 미결수들이 잠시 머무는 공간이다. 오늘날로 치자면 구치소 역할을 하는 곳인 것이다.

이 전옥서는 주로 상민들이 들락거렸는데 양반은 의금부에서 직접 문초를 하니 양반이 이 전옥서를 찾을 일은 거의 없었다(의금부와 내수사, 포도청은 각각 자체 감옥을 가지고 있었다). 재미난 것은 범죄인의 인권을 고려했기 때문인지, 아니면 남녀유별이 엄격한 조선 시대였기 때문인지는 몰라도 남옥(男獄)과 여옥(女獄)을 구분해 남녀를 분리 수

감했다는 점이다. 당시 전옥서의 수감 인원은 대략 100여 명 내외였는데 남자 옥사가 아홉 칸, 여자 옥사가 다섯 칸이었던 걸 보면 뜻밖에도 여자 죄수의 비율이 꽤 높았다는 걸 확인할 수 있다.

조선 시대의 감옥 전옥서의 표준을 만든 것은 우리 역사상 최고의 성군 세종대왕이었다. 세종대왕은 죄수들의 처우에 남다른 관심을 가졌는데, 서울과 지방 감옥의 표준 설계 지침까지 만들어 하달했다. 이에 따르면 남녀를 구별해 따로 수감하도록 하고 동절기 때 수감하는 한옥(寒獄)과 하절기 때 수감하는 서옥(暑獄)을 따로 만들어 죄수들의 건강에도 특히 신경 썼다. 위생에도 신경을 썼는데 세종대왕은 직접 옥중 위생 관리 규칙도 세워 각 지방 관리들에게 하달했다. 당시의 기록을 살펴보면 다음과 같다.

"옥(獄)은 죄 있는 사람을 가두는 곳이다. 그러나 덮어주고 보호하지 않으면 혹 횡액으로 병에 걸리어 일찍 죽는 사람이 있는 것이다. 그러므로 비호(庇護)하는 조건이 《육전(六典)》에 실려 있고, 또 여러 번 전지(傳旨)를 내리어 절목(節目)이 세밀하나, 관리가 혹 유의하지 않아서 받들어 행하는 것이 철저하지 못하여, 죄수들로 하여금 질병에 걸리어 드디어 생명을 잃게 되니, 참으로 염려된다. 경은 나의 지극한 뜻을 몸받아서 각 해에 반포하여 내린 조장(條章)을 받들어 행하는가 않는가를 엄하게 검사하고 핵실하여, 폐지하고 해이하지 말게 하라. 그리고 마땅히 행할 조건을 또 뒤에 기록한다.

1. 매년 4월부터 8월까지는 새로 냉수를 길어다가 자주자주 옥 가운

    데에 바꾸어 놓을 것.

1. 5월에서 7월 10일까지는 한 차례 자원에 따라 몸을 씻게 할 것.

1. 매월 한 차례 자원에 따라 두발을 감게 할 것.

1. 10월부터 정월까지는 옥 안에 짚을 두텁게 깔 것.

1. 목욕할 때에는 관리와 옥졸(獄卒)이 친히 스스로 검찰하여 도망하

    는 것을 막을 것."

—《세종실록》121권, 1448년 8월 25일 무인 2번째 기록 중 발췌

그러나 세종대왕이 아무리 관심을 가지고 죄수들의 인권을 신경
썼다 해도 모든 감옥을 일일이 다 신경 쓸 순 없는 일이었고 세월이
흐르면서 관리체계에 허점이 생겨날 수밖에 없었다. 중종 시절 동짓
날에 죄수 30여 명이 얼어 죽은 사건이 있는가 하면, 남녀 죄수가 눈
이 맞아 감옥에서 아기를 낳은 사건도 벌어졌다. 체계적인 관리는 둘
째 치고 죄수의 처우에도 큰 구멍이 있었으리라 짐작할 수 있다.

이렇게만 보면 전옥서의 삶이 고달프기만 할 것 같지만(감옥은 동서
고금을 떠나 늘 괴로운 공간이지만), 조선 시대 전옥서는 나름 많은 관심과
보살핌을 받았던 곳이다. 새로운 죄수가 들어오면 이름과 죄상을 적
은 수도기(囚徒記)를 작성해 주기마다 왕에게 보고했고, 혹한기나 혹
서기에는 죄의 경중에 따라 석방을 시켜주기도 했다. 가장 압권은 이
들에게 얼음을 할당했다는 것이다. 조선 시대에는 얼음이 지금과는
달리 꽤 귀중한 물품이었다. 조선에서는 왕실 제사용 얼음과 대신 이

하 궁궐 사람들, 왕실이 사용할 얼음을 겨울에 채취 저장했다가 분배했는데 분배 대상에 전옥서 죄수들도 포함돼 있었다는 건 의외다.

옛말에 송사에 휘말리면 패가망신한다는 말이 있다. 재판에서는 얻는 것보다 잃는 것이 많다는 뜻으로 되도록 송사에 휘말리지 않도록 처신을 바르게 해야 할 것이다. 하긴 조심한다고 해서 송사에 휘말리지 않는단 보장이 없으니 쉽게 말할 일은 아니지만, 최소한 내가 피의자가 되는 상황만은 피하도록 하자.

수인(囚人)

우리에게는 폭군의 이미지로 각인된 연산군이지만, 죄를 지은 범죄인들에게는 따뜻한 성군의 이미지로 남아있는 임금 또한 연산군이다. 연산군은 수시로 전옥서와 의금부에 사람을 보내 죄인들의 관리와 형벌의 신중함을 명령했다. 당시의 기록을 살펴보자.

"전옥서가 협소하고 수인들은 많이 갇혀 있는데, 심한 더위가 찌는 듯하여 자칫하면 병에 걸리게 되니, 칸을 늘리는 것은 마땅히 해야 하겠지마는, 감옥을 설치하여 죄수를 가둔 것은 유래가 이미 오래되었으니, 대체로 가벼운 죄로 갇힌 죄수에 있어서는 빨리 판결하고 기한을 정하여 석방하기를 힘쓰라. 비록 형벌을 쓰지 않을 수 없더라도 어찌 감옥을 크게 만들어서 백성들에게 형벌로 몰아넣는 것을 보이겠느냐? 옥방(獄房)을 늘려 짓는 것을 그만두고 때에 맞추어 죄수를 판결하여 보내고 지체하지 말도록 하라."

—《조선왕조실록》 연산군 8년, 1502년 7월 13일의 기록 중 발췌

"더위가 매우 심하니 의금부와 전옥서에 사관(史官)과 내관(內官)을 보내 자세히 조사하여 형벌을 신중하게 하는 뜻을 보이도록 하라."

—《조선왕조실록》 연산군 8년, 1502년 7월 7일의 기록 중 발췌

의금부에 전지하기를 "전자에 전옥서의 죄수 안지기(安之己)가 스스로 목을 매어 죽게 되어서 해당 관원을 이미 파직시켰는데도, 옥관(獄官)들이 오히려 죄수를 살피는 데 조심하지 않아서, 의금부의 죄수 심소

남(沈召南)이 또 스스로 목을 매어 죽었으니, 지금부터는 죄수가 자살하면 관리들의 죄를 다스려 용서하지 않겠다" 하였다.

—《조선왕조실록》 연산군 8년, 1502년 7월 8일의 기록 중 발췌

감옥에 갇힌 수인들의 건강을 염려하는 모습이 이채롭다. 아니, 원래 임금이라면 당연히 해야 할 일이지만 이 일을 연산군이 직접 챙긴 모습이 신기하다고 해야 할까? 연산군은 전옥서에 갇힌 죄인들의 건강을 걱정했던 인자한 폭군이었나 보다.

조선총잡이

줄거리

군란이 끝난 뒤 고종은 보수세력과 손을 잡고 왕권 유지에만 집착했는데, 이 모습에 실망한 김옥균을 비롯한 개화파들이 정변을 준비하는 과정에서 엇갈린 운명을 보여준다.

특기사항

조선 개화기의 혼란스러운 정치 상황을 그렸다. 특히 대원군의 섭정에서 벗어나 직접 개혁 통치에 나선 젊은 군주 고종과 수구파 대신들의 갈등을 생생히 재현했다.

방영일 : 2014년 6월 25일~2014년 9월 4일

방송사 : KBS

조선,
쇄국의 길을 걷게 되다.

〈조선총잡이〉를 시청하면서 이런 의문이 들었을 것이다. "어째서 우리 조상들은 나라 문을 걸어 잠그고 서양 문물을 받아들이지 않았던 걸까? 하루라도 빨리 서양 문물을 받아들여 국력을 키웠더라면 일본에 국권을 침탈당하는 수치는 겪지 않았을 텐데"라는 당연한 질문 말이다.

우리 역사 상식으로는 구한말의 쇄국정책은 고종의 아버지 흥선 대원군이 주도했다고 알고 있다. 지금의 시점으로 보면 조선을 개혁할 수 있는 마지막 기회를 놓친 바보 같은 정책이라고 할 수 있겠지만, 당시 위정자들이 그 정도로 생각이 없었을까? 우리가 익히 보아왔고 알고 있는 '쇄국(鎖國)'이란 단어는 어떻게 등장했을까?

이야기를 시작하기 전에 우선 알고 있어야 할 것이 하나 있는데 쇄국이란 말은 조선이 아니라 일본에서 먼저 썼다는 것이다. 쇠사슬 쇄(鎖)를 써서 쇠사슬로 걸어 잠근 듯이 다른 나라와 교류를 하지 않겠다는 게 바로 쇄국이다. "고인 물이 썩듯이 나라도 외부의 문화가 유입되지 않으면 썩는 것 아닌가?"라는 것이 일반적인 생각인데 말이다. 동서양의 역사를 통틀어봐도 쇄국을 해서 나라가 잘된 케이스는 없다. 그런데도 어째서 쇄국을 하게 된 것일까? 우선 쇄국의 원조인 일본에서 쇄국정책을 시도한 연유를 살펴보자.

쇄국은 어디에서 왔을까?

솔직히 말하자면 일본은 서양 문물을 적극적으로 받아들인 나라다. 전국시대 일본은 서양과 무역을 하고(서양에서 조총을 받아들여 그걸 들고 와서 임진왜란을 일으켰다), 동남아시아로 진출할 정도로 무척 개방적인 나라였다. 당시 일본이 이렇게 개방적이었던 이유는 각지에 할거한 영주들이 나라의 존망을 걸고 부국강병에 힘썼기 때문이다. 나라가 부강해져야지만 적과 싸워 이길 수 있고, 천하 통일을 이룰 수 있었기 때문이다. 그렇기에 각지의 영주들은 너나 할 거 없이 해외문물을 적극적으로 받아들이려 애썼다.

그러던 것이 도요토미 히데요시(豊臣秀吉)를 거쳐 도쿠가와 이에야스(德川家康)의 도쿠가와 막부가 세워지면서 외국과의 교류가 뚝 끊기고 만다. 이유는 간단했는데 해외무역을 통해 강력한 무기를 손에 넣은 지방 영주(다이묘)들이 막부에 대항할 수도 있다는 생각 때문이었다(당시 도쿠가와 막부는 지방 다이묘들을 에도로 불러들일 만큼 반란에 민감한 반응을 보였다). 그래도 외세를 완전히 차단하지는 않았는데 조선통신사를 받아들였고, 나가사키에 인공섬인 데지마를 건설한 후 네덜란드와의 무역 관계만큼은 유지했다. 최소한의 숨통은 틔워놓았다고 해야 할까?

그렇다면 조선에서의 쇄국은 어떠했을까? 한민족은 예로부터 개방적인 민족이었다. 삼국 시대나 고려 시대 모두 활발한 대외교역을 했다. 신라 시대 장보고의 청해진과 고려 시대의 벽란도가 그 증거라 할 수 있다(대한민국을 '코리아'라 부른 연원은 고려 시대의 활발한 대외무역에서 찾을 수 있다. '고려'가 '꼬레'가 된 것이다. 아직도 프랑스에서 한국은 '꼬레'로 불리고 있다). 그러던 것이 조선 말이 되자 쇄국의 길을 걷게 된다. 어째서 이런 일이 벌어진 것일까?

여러 요인들이 있는데 크게 나눠 보자면 서양 열강의 제국주의 노선과 당시 조선의 상황 두 가지 정도로 요약할 수 있겠다. 우선 서양 열강의 제국주의 노선에 대해 말해보겠다.

19세기가 되면 이미 유럽 각국은 산업혁명을 끝내고 근대 자본주의 국가로 성장하게 된다. 이 상황에서 서양 열강들은 경제체제를 자본주의 형태로 돌리고, 자국의 이익을 극대화시키기 위해 식민지를 필요로 하게 된다. 원료 수입과 상품 판매처로서의 식민지가 필요했기 때문이다. 18~19세기 제국주의 국가들의 식민지 쟁탈전은 이런 연유에서 시작된 것이다. 이런 식민지 쟁탈전의 꽃이 바로 아편전쟁이다. 동서양의 문명 충돌이자, 지금까지 이어져 오는 서양인들의 동양인들에 대한 폄훼의 시각이 시작된 것 역시 바로 아편전쟁이다.

전후 사정을 다 생략하고 전쟁을 결의한 영국 측 입장만 봐도 이 전쟁이 얼마나 부도덕한 전쟁이었는지 알 수 있다. 당시 영국 정부는 "아편의 해악은 술보다 적습니다"라고 발표했다. 과연 정말 그럴까? 인류 역사상 가장 부도덕한 전쟁을 말할 때(모든 전쟁의 시작은 다 그러하지만) 아편 전쟁은 절대 빠지지 않고 등장하는 전쟁이다. 당시 영국 내에서도 아편전쟁에 대한 논란이 있었는데 영국 하원에서 청과의 전쟁 수행을 위한 예산 투표를 했는데 그 결과 271대 262의 아주 근소한 차이로 가결됐다. 투표 후 아편전쟁을 결사적으로 반대한 글래드스턴 의원은 "262. 영국의 양심의 무게가 고작 이 정도냐!"라고 한탄했던 건 후세에 길이 회자되는 이야기다.

그리고 전쟁이 발발했다. 아편전쟁의 원인은 간단했다. 당시 영국의 무역수지 적자 때문이었다. 영국과 청은 무역을 했는데 영국 상품은 청나라에 인기가 없었지만, 청나라 상품은 영국에서 인기 상한가를 쳤고, 막대한 양의 은이 청으로 흘러 들어가게 되면서 영국은 무역수지 적자를 보게 된 것이다. 이런 상황에서 영국은 이 무역수지 적자 폭을 줄여보겠단 심산으로 인도에서 아편을 가져와 중국에다 팔겠다는 생각을 실천에 옮겼고(그 전에 말레이시아 광산에서 아편 장사로 쏠쏠한 재미를 봤다), 그 결과 아편전쟁이 발발하게 된 것이다.

문제는 이 아편전쟁에서 청나라가 너무 쉽게 무너진 것이다. 하지만 당사자인 청나라는 아편전쟁의 패배를 심각하게 받아들이지 않았다. 오히려 비슷한 시기에 발발했던 '태평천국의 난'을 더 심각하게 받아들였다. 이전까지 영국을 포함한 서양 제국주의 세력들은 중국을 '잠자는 사자'라며 두려워했는데 아편전쟁 이후에는 '병든 돼지'라 부르며 중국을 우습게 보기 시작했다. 문제는 이 아편전쟁이 중국만의 문제가 아니었다는 점이다. 이후 서양 제국주의 세력의 야욕은 아시아 각국으로 뻗어 나갔다.

이 대목에서 언급해야 할 것이 조선은 같은 시기 중국이나 일본보다 훨씬 더 개방적이었다는 것이다. 사대교린(事大交隣) 정책(사대는 중국, 교린은 일본 및 여진족에 대한 외교정책으로, 세력이 강하고 큰 나라를 받들어 섬기고[事大], 이웃 나라와 대등한 입장에서 사귀어[交隣] 국가의 안정을 도모한다는 조선 개국 이래의 외교 방침) 때문에 발목이 잡혀 있긴 했지만 나름 중국을 통해 서방세계의 동향과 문물에 대한 정보를 취하고 있었고, 일정 수준 이상(중국이나 일본 도쿠가와 막부에 비해) 개방성을 보여줬다.

그러나 아편전쟁과 뒤이은 양이(洋夷)들의 등장 이후 조선은 서양 세력에 문을 꼭 걸어 잠그게 된다. 몇 차례에 걸친 양요(洋擾)와 천주교 세력의 준동으로 흥선대원군은 척화비를 세우며 서양세력과의 접촉을 엄금한다. 비석에 새겨진 글은 이러하다.

"서양의 오랑캐가 침략해 오는데 싸우지 않으면 화친하는 것이요, 화친을 주장하는 것은 나라를 파는 것이다. 나의 만년 동안 이어질 자손들에게 경계하노라. 병인년에 만들고 신미년에 세운다(洋夷侵犯 非戰卽和 主和賣國 戒我萬年子孫 丙寅作 辛未立)."

여기서 궁금한 게 당시 국제정세로 보아 쇄국정책이 올바른 판단이었는가 하는 대목이다. 서양세력과의 교류를 통해 선진 문물을 받아들여 나라를 발전시켜야 한다는 것은 누구라도 반론할 수 없는 사실이었을 것이다. 청나라마저도 서양 제국주의의 신식 무기 앞에서 무릎을 꿇지 않았는가. 이런 상황에서 문을 걸어 잠그고 신식 라이플과 포함 앞에서 임진왜란 때 쓰던 조총을 개량한 화승총을 들고 맞서 싸운다는 건 어불성설이었다.

분명 문호개방은 필요했다. 그러나 이 문호개방이 가져올 파장에 대해서도 생각해봐야 했다. 당장 서양 열강들이 밀고 들어와 중국에 했던 것과 같이 굴욕적인 조약을 강요할 수도, 결정적으로 조선왕조가 무너질 수도 있다는 위기감이 팽배해 있었다.

이에 대해서는 좀 더 설명이 필요한데 서양 제국주의가 직접 조선왕조를 무너뜨리지 않는다 해도 서양 문물과 함께 들어온 천주교로 인해 조선왕조 오백 년을 이어져 내려온 성리학을 기반으로 한 국가운영체제가 붕괴될 수도 있다는 불안감이 엄습했을 것이다. 이는 충분히 공감할 수 있는 말인데 문호 개방 이전임에도 불구하고 천주교 신자들은 사당 안에 모셔놓은 자기 조상의 신주(神主 : 죽은 사람의 위패)를 불태우고 제사를 거부하는 등 조선 사회에서는 도저히 용납할 수 없는 만행을 저질렀다.

게다가 "신 앞에 만민은 평등하다"는 주장은 엄격한 사농공상 신분제를 유지하고 있던 조선에서는 나라의 근간을 뒤흔드는 일이나 마찬가지였다. 지금으로 치자면 자본주의 체제와 민주주의를 기반으로 한 대한민국 정부가 내일부터 공산주의 체제로 사회 시스템을 바꾸겠다는 것과 같은 충격적인 일이었다.

이런 상황에서 흥선대원군과 사회지도층은 쇄국을 결의할 수밖에 없었던 것이다. 물론 그들도 나름대로 변명 아닌 변명을 했다. 쇄국을 하는 동안에 나라의 실력을 키워 외세에 맞설 만한 힘을 기르겠다는 주장이었는데 실제로 흥선대원군은 외세에 대항할 만한 신무기 개발에 열을 올렸다. 대동강에서 격침당한 제너럴셔먼호를 끌고 와 개조하는가 하면, 서양 총탄에 뚫리지 않는 방탄복을 개발하겠다며 면으로 만든 면제배갑(綿製背甲, 면 13장을 겹쳐서 만든 방탄복으로 신미양요 때 총알은 막아내는 데 사용됐지만 대포 파편에 의해 불이 붙어 많은 조선군이 불에 타 죽었다)을 만들었으며, 원시적인 수뢰 등을 만들어 이양선 출몰에 대비하기도 했다. 지금 생각하면 한심한 수준이었지만 나름대로 노력했음을 확인할 수 있다.

문제는 이렇게 쇄국을 하면서 나라의 국력을 키우는 일에 얼마나 노력했느냐는 것이다. 알다시피 구한말 조선의 정세는 혼돈 그 자체였다. 흥선대원군의 장기집권에 불만을 품은 세력이 등장했고(명성황후를 위시한 여흥 민씨 세력), 고종 역시 아버지의 그늘 밑에서 벗어나고 싶어 했다. 당장 국가의 장래를 걱정해야 할 마당에 서로 간의 주도권 싸움으로 국력을 소진했고, 그나마 개혁이란 이름으로 시행했던 일도 기득권층의 반발과 너무 쇠잔해 있던 국력으로는 진척조차 할 수 없었다.

조선의 마지막 수단

그렇다면 쇄국정책이 대외적으로는 어떤 영향을 끼쳤을까? 염두에 두어야 할 사실은 우리가 생각했던 것과 달리 나름 대외적인 효과가 있었다는 것이다. 우선 서양세력들은 완강한 저항을 하는 조선에 통상에 대한 요구 자체를 철회할 수밖에 없었다. 무역이나 외교를 하고 싶어도 상대가 너무 완강히 저항하다 보니 고민이 될 수밖에 없었던 것이다. 중국같이 시장이 큰 것도 아니었기에 서양세력들은 고민하다 결국 포기하고 만다.

문제는 일본인데 일본 측에서는 완강하게 문고리를 붙잡고 있는 조선을 보면서 극단적인 수단을 취하게 되는데 바로 정한론(征韓論)이다. 1870년대를 전후하여 일본 정계에서 강력하게 대두된 조선에 대한 공략론을 말한다. 조선을 정벌해 아예 식민지로 삼아버리자는 주장이 나오기 시작한 것이다.

당시 국제사회는 제국주의가 팽배했던 시대로, 강대국이 무력을 앞세워 후진국을 압박하여 개항을 유도하거나 침략하는 사례가 많았다. 일본은 1854년 미국의 포함외교(砲艦外交 : 포함을 앞세운 무력시위로 상대국을 압박하여 목적을 달성하는 강제적 외교 수단)에 바로 굴복하고 강제로 문호를 개방할 수밖에 없었고, 뒤이은 메이지 유신으로 빠르게 제국주의 국가 체제를 갖춰나갔다.

그들은 그들이 배운 서양 제국주의 방식대로 원료를 수입하고 상품을 수출할만한 식민지를 필요로 했다. 물론 수출할 상품 구매지도 필요했다. 결국, 식민지를 만들어야 했는데 이미 대부분의 식민지(동아시아에 한정한다 해도)는 서양세력들이 다 점령한 상황이었다. 게다가 조선은 대륙으로 진출할 수 있는 발판이 되는 곳이기도 했다. 점령하든, 문호를 개방해 일본의 영향력 아래 두든 조선은 일본에는 꼭 필요한 존재였다.

이런 상황에서 쇄국이란 이름으로 문호를 걸어 잠근 조선을 보며 메이지 유신의 주축세력인 유신세력은 정한론을 만들어냈다. 일본이 살기 위해서는 조선을 먹어야 한다는 단순하면서도 확실한 논리! 이런 절박함이 고종 12년 1875년 운요호 사건(雲揚號事件 : 일본 군함 운요호가 불법으로 강화도에 들어와 측량을 구실로 조선군 수비대에 시비를 걸어 전투를 벌인 사건)으로 폭발되었고, 결국 강제적으로 강화도 조약을 체결하면서 조선의 쇄국정책은 끝이 나게 된다.

운요호 사건은 사실상 조선을 침략하기 위한 일본의 의도적인 포함외교의 한 형태이며, 이것은 22년 전 미국에 당했던 것을 그대로 적용한 것이다. 조선은 불법 침입자에 대한 정당한 방어적 공격이었음에도 불구하고 국력이 약한 결과 일본은 그 책임을 조선에 물었고 강제로 수교하게 되었다. 이것이 일본 제국주의 대륙 침략의 단초였으며 신호탄이었다.

드라마 〈조선총잡이〉는 바로 이 혼란의 시기를 배경으로 하고 있다. 마지막 칼잡이인 동시에 최초의 총잡이들이 도도한 시대의 격류 앞에서 깨지거나 사라졌던 것이다. 지금의 시점에서야 쇄국은 멍청하고 바보 같은 판단이었다 할 수 있겠지만, 당시에는 여러 대안 중 가장 합리적인(지도층 입장에서는) 대안이었다. 실제로 그 이후의 역사를 보면 확인할 수 있다(매국노의 경우 자신들의 권세는 유지하지 않았는가?).

혼란의 시기에 가장 중요한 건 냉철한 판단과 끊임없는 추진력이지만, 구한말의 조선에서는 판단 내릴 수 있는 머리도, 쉬지 않고 피를 뿜어낼 심장도 없었다. 남아있는 건 오백 년 왕조라는 허울 좋은 껍데기와 학정에 지친 백성, 자신의 배를 채울 궁리만 하는 지도층밖에 없었다. 어쩌면 쇄국은 조선이란 나라가 쥐어짜낼 수 있는 마지막 수단이었는지도 모른다.

흥성대원군(興宣大院君)

흥선대원군 하면 '상갓집 개'라는 별명과 함께 안동 김씨 세도정치로부터 몸을 보호하기 위해 자신의 뛰어남을 숨겼다는 이야기가 늘 따라붙는다. 과연 정말 그랬을까? 결론부터 말하자면 이 이야기는 너무 과장됐다 할 수 있다.

흥선대원군은 당시 이름난 수재였으며 추사 김정희(金正喜)에게 난치는 법이나 서예와 그림을 배우기도 했다. 또한, 종친으로 정3품 흥선정이라는 작위를 받아 모범적인 생활을 하고 있었다. 후에 흥선군으로 봉해진 것도 그의 모범적이며 탁월한 재능을 인정받았기 때문이다.

흥선대원군의 비행과 안동 김씨 세력들에 의한 핍박 사례 상당수는 야사로 전해져 내려오는 이야기거나 대부분 그 진위가 불분명한 이야기다. 이런 이야기가 김동인(金東仁)의 소설《운현궁의 봄》에 실리면서 상갓집 개라는 이미지가 고착화되었다.

흥선대원군이 정말 상갓집 개였는지, 그가 야인시절 안동 김씨 일가에게 핍박받았는지에 대한 진위는 아직도 미스터리라 할 수 있다. 다만 확실하게 말할 수 있는 건 흥선대원군이 어린 시절부터 수재로 인정받았고, 종친으로서 크게 문제 될 행동을 하지 않았기에 흥선군이란 작위를 받을 수 있었다는 것이다.

육룡이 나르샤

간신

시도

삼총사

띠박

덕혜옹주

3부
왕실 이야기

역사를
드라마로 배운
당신에게

육룡이 나르샤

줄거리

여말선초 격변기 한가운데서 고려를 무너뜨리고 조선을 개창한 이성계와 역성혁명세력들이 조선 건국 이후 권력투쟁 과정을 그린 작품이다.

특기사항

아버지 이성계와 정도전을 도와 조선 건국을 이룩한 이방원의 왕이 되기 위해 살인마저 서슴지 않는 무자비한 권력의 속성을 적나라하게 보여주었다.

방영일 : 2015년 10월 5일~2016년 3월 22일
방송사 : SBS

능력 있는 야심가
이방원.

SBS의 대하 사극 〈육룡이 나르샤〉는 전작 〈뿌리 깊은 나무〉의 프리퀄로 이 작품을 보면서 가장 궁금했던 대목이 이방원을 어떻게 그려낼 것이냐는 것이었다. 〈뿌리 깊은 나무〉에서 그려진 태종의 모습은 피도 눈물도 없는 철혈 군주의 모습이었다. 그렇다면 아직 왕위에 오르지 못한, 아니 왕위에 오르려 노력하던 이방원의 모습은 어떠할까? 그 의문을 풀어준 것이 이방원 역할로 분한 유아인의 모습이었다.

〈뿌리 깊은 나무〉에서 아들 세종의 장인 심온(沈溫)을 무참하게 죽이는 냉혈한으로 나왔던 태종은 〈육룡이 나르샤〉에서는 그 나이 또래에 맞게 사랑에 대한 고민, 시대에 대한 뜨거운 열정을 보여주다가 결국에 가서는 권력에 매몰되는 모습으로 그려졌다.

그렇다면 실제 역사상 태종 이방원은 어땠을까? 20세기 최고의 사극 중 하나로 인정받았던 〈용의 눈물〉에서 유동근이 보여준 태종 이방원의 모습은 역사상 이방원에 가장 가까운 모습이었다. 그럼 이방원의 면모를 하나씩 살펴보기로 하자.

이성계의 콤플렉스를 없애준 이방원

먼저 청년 시절의 이방원에 관한 이야기를 해볼까 한다. 바로 〈육룡의 나르샤〉의 젊은 이방원이다. 드라마에서 주목해봐야 할 것이 이방원이 성균관에 입학하는 부분이다. 이방원은 태조 이성계에게는 자랑스러운 아들이었다. 동북면의 무인 출신이란 신분적 한계는 중앙 정계에 나온 이후에도 이성계에게는 늘 콤플렉스였다. 물론, 장남이었던 진안대군(鎭安大君)이 밀직부사(密直副使 : 왕명의 출납, 숙위 등을 담당하던 관청의 직책으로 오늘날로 치면 대통령 비서실에 해당한다) 자리에 오르긴 했지만 그 역시 과거시험에 의한 출사가 아니었다.

이성계의 의형제인 이지란(李之蘭)의 저서《청해백집(靑海伯集)》을 보면 위화도회군 당시 고려왕조에 대한 충절을 버릴 수 없었던 이성계의 장남 이방우(李芳雨)는 끝까지 탈옥을 거부했고, 조선이 개국한 이후에는 고려왕조에 대한 충절을 지키기 위해 술로 세월을 보내다 결국 얼마 뒤 죽었다. 비록 야사지만 과거시험을 치르고 관직에 오른 이방원보다는 고려왕조에 대한 충성심이 더 강했다고 기록되어 있다.

그러나 5남이던 이방원은 당당히 과거시험을 통해 관직에 출사했다. 촌놈, 그것도 동북면의 무인 출신이라는 신분적 콤플렉스를 한꺼번에 날려버리게 해준 고마운 아들이었다. 덕분에 이방원은 조선의 왕들 중 유일하게 과거시험을 보고, 관직 생활을 경험해본 왕이라는 독보적인 이력을 가지게 된다. 이방원은 태조 이성계의 사랑을 받을 만한 아들이었고, 태종 자신도 자신의 실력을 유감없이 세상에 보여줬다. 오늘날로 치자면 행정고시를 통해 관직에 진출했고, 일정 기간 고위공무원으로 활동하면서 정치 감각과 행정실무를 익혔다 할 수 있다. 그는 그만큼 준비된 왕이었다.

차기 유력 왕권 후보자로 등극하다

그다음으로 소개할 드라마는 〈용의 눈물〉이다. 유동근이 이방원으로 분해 열연했던 사극으로도 유명한데 여기서 주목해봐야 할 것이 이방원이 선죽교에서 정몽주(鄭夢周)를 참살하고, 제1차 왕자의 난에서 정도전(鄭道傳)을 죽이는 장면이다.

우선 선죽교에서 정몽주를 참살한 장면이다. 솔직히 말해 정몽주를 죽이기 전까지 이방원의 정치적 신분은 '이성계의 똑똑한 아들' 그 이상도 그 이하도 아니었다. 이성계가 고려왕조를 쓰러뜨리기 바로 직전인 상황에서 이방원이 한 정치적 역할은 아무것도 없었다. 이미 이성계의 타임 테이블과 정치적 행보에 관한 모든 계획은 정도전을 주축으로 한 베테랑 정치인들이 맡고 있었기 때문이다. 아무리 과거시험에 합격해 출사했다지만 이방원은 햇병아리 신입 관원일 뿐이었다. 이런 상황에서 역성혁명의 마지막 걸림돌이었던 정몽주를 죽인 것이다.

이는 이방원에게 커다란 정치적 자산이 되었다. 실제로 정몽주가 죽고 4개월 만에 고려왕조가 무너진 걸 보면 정몽주가 고려왕조의 마지막 버팀목이었다는 걸 추측해볼 수 있다. 문제는 세간의 평가와 정몽주와 이성계 사이의 개인적 친분이었다. 이걸 단숨에 끊어버린 것이 이방원이었던 것이다. 덕분에 이방원은 이성계의 똑똑한 아들에서 일약 차기 유력 왕권 후보자 입지를 확보한다. 그리고 이 왕권 후보는 조선왕조의 설계자라 할 수 있는 정도전까지 죽이면서 후보 딱지마저 떼게 된다. 여기서 주목해봐야 할 것이 정도전을 죽인 후 태종의 행보다.

역사상으로 보면 제1차 왕자의 난을 촉발시킨 이유는 사병 혁파라 할 수 있다. 유력 가문과 왕실 식구들에게 퍼져 있던 병권을 국가로 회수한 이 조치는 왕자들과 공신세력들의 힘을 약화시킨 대개혁이었다. 이에 반대했던 게 이방원을 주축으로 한 쿠데타 세력이었다. 그러나 정작 권력을 쟁취한 이방원이 제일 먼저 한 일이 사병 혁파였다. 솔직히 말하자면 정도전이 구상하고 실천하려 했던 모든 제도와 정책 중 딱 한 가지만 제외하고 이방원은 모두 받아들였고 이를 실천에 옮겼다. 그 한 가지가 바로 재상총재제다.

치전은 총재(冢宰)가 관장하는 것입니다. 사도(司徒) 이하 모두가 총재의 소속인즉, 교전(敎典) 이하가 또한 총재의 직책입니다. 총재에 적임자를 얻으면 육전(六典)이 잘 시행되고 모든 관직이 잘 다스려집니다. 그러므로 왕의 직책은 한 명의 재상을 의논해 정하는 데 있다고 했으니, 바로 총재에 대해 말한 것입니다.

— 정도전의 《삼봉집》 권7 〈조선경국전〉 치전총서 중 발췌

재상이 국정 운영 전반을 맡고 왕은 단지 재상의 임명권만 가지는 것이다. 오늘날의 입헌군주제를 떠올리면 이해가 빠를 것이다. 당시 정도전의 생각은 간단했다.

"세습제인 왕은 똑똑한 왕이 나와 태평성대를 만들 수도 있지만, 우매한 왕이 등장해 천하를 난세로 몰아갈 수도 있다. 이런 불확실성 대신, 과거시험을 통해 검증된 인재를 수십 년간 실무로 단련시킨 재상을 가려 뽑아 국정을 맡긴다면 나라는 평안하게 될 것이다."

참신하면서도 당연한 이야기다. 그러나 태종은 이에 반발한다.

"이것이 이(李)씨의 나라인가, 정(鄭)씨의 나라인가?"

기껏 나라를 개창했건만 그걸 다스리는 건 정도전이고 왕은 그저 허수아비로 존재해야 한다는 걸 이방원은 받아들일 수 없었던 것이다. 그 결과가 왕자의 난이었다. 실제로 왕이 된 태종은 육조직계제(六

曹直啓制)라 해서 실무를 담당한 6조 판서들로부터 직접 보고를 받고 이를 처리하는 방식으로 나라를 다스렸다. 그는 권력욕의 화신이었다.

이런 권력에 대한 끝없는 갈망은 〈뿌리 깊은 나무〉에서 보여준 모습과 일맥상통한다. 정몽주, 정도전 그리고 이복형제들까지 죽인 태종은 이후 자신의 처가인 민씨 집안 역시 박살 낸다. 외척에 대한 경계였다. 왕권을 위협하는 가장 큰 세력은 왕의 처가이자 차기 대권을 보장받은 세자의 외가, 즉 중전의 본가다. 이는 동서고금의 진리기 때문이다.

태종이 세종에게 왕위를 넘긴 후 제일 먼저 한 일이 세종의 처가를 멸문하는 것이었다. 세종의 앞날을 위해 자기 손에 피를 묻혔다고 하는 것이 옳을 것이다. 덕분에 세종의 장인 심온은 죽고, 장모는 변방에서 관노 생활을 해야 했다.

지금까지 설명한 태종 이방원의 행적을 보면 능력 있는 야심가였다는 걸 확인할 수 있다. 혼란의 시기 능력 있는 야심가는 언제나 세상의 주목을 받고, 후세 사람들의 호기심을 자극한다. 그 증거로 〈육룡의 나르샤〉를 비롯한 여러 사극에서 태종 이방원이 주요 소재로 다뤄진 것만 봐도 알 수 있다.

방벌(放伐)

유교의 핵심 중 하나는 주군에 대한 충성이다. 그러나 이에 정면으로 배치되는 것이 맹자다.

"인(仁)을 해치는 자를 적(賊)이라 하고, 의(義)를 해치는 자를 잔(殘)이라 하며, 잔적지인(殘賊之人)을 단지 '그놈!'이라고들 하니, 무왕께서 그 '주'라는 놈을 처형하셨다는 말은 들었어도, 임금을 시해하였다는 말은 들어 본 바 없습니다."

—《맹자》 하권 〈양혜왕〉 제8장 중 발췌

소위 말하는 방벌(放伐 : 덕을 잃고 악정을 행하는 임금을 내치는 것)에 관한 논리다. 여말선초 정도전과 신진사대부들은 이 방벌 논리로 조선을 건국했다. 이전까지의 유교가 임금에 대한 충성과 부모에 대한 효였다면, 맹자는 임금답지 않은 임금은 쫓아내도 된다는 방벌 논리를 내놓았다. 왕에게 있어서는 매우 위험한 사상이다.

오죽하면 일본의 경우 "《맹자》를 싣고 오는 배는 폭풍으로 가라앉는다"라는 말이 전해졌겠는가. 물론 이건 속설이다.《맹자》는 이미 9세기에 일본에 건너갔기 때문이다. 일본은 아마테라스 오오미카미(天照大御神) 이후 한 번도 황통이 끊어지지 않았는데 맹자와 같은 불측한 사상이 전해지면 황통승계에 문제가 생기기에 일본에서는 맹자를 가르치더라도 역성혁명에 관해서는 가르치지 않았다고 한다. 맹자는 그 자체만으로도 위험한 사상이었다.

간신

줄거리

"단 하루에 천년의 쾌락을 누리실 수 있도록 준비하겠나이다"라는 말
로 모든 줄거리를 설명할 수 있다. 흥청망청의 어원이 된 운평과 흥청
을 선별해 훈련한 다음 연산군에게 갖다 바친 간신 임숭재에 관한 이
야기다.

특기사항

역사상 최악의 간신 임사홍, 임숭재 부자와 채홍사(採紅使)에 관한 이
야기를 새롭게 조명했다.

개봉일 : 2015년 5월 21일
감독 : 민규동

임금의 호칭 속에
담긴 비밀.

연산군의 화려했던 호색 행각을 소재로 만든 이 영화는 개봉 전부터 호불호가 갈렸다. '또 연산군이냐?'라는 반발과 함께 쫓겨난 왕들만 사극의 소재로 계속 소비된다는 말이 나오기도 했다. 연산군과 광해군은 조선왕조 역사상 유이(唯二)한 '쫓겨난 왕'이라는 타이틀 덕분에 영화, 드라마, 연극, 소설 등등 수많은 대중문화 매체 소재로 사용되어왔다. 이 대목에서 궁금한 것이 그들의 호칭 뒤에 붙은 '~군(君)'이란 꼬리표다.

중고등학교 시절 역사를 배우면서 외운 '태정태세문단세……'라는 조선왕조 임금들 이름을 외우는 방식을 기억하는 사람들이 있을 것이다. 실은 이건 임금 이름이 아니라 묘호(廟號)다. 왕의 삼년상이 끝나면 승하한 임금의 신주를 종묘(宗廟)에 봉안(奉安)하는데 이때 그

신주를 부르는 호칭이 묘호다. 즉, 태조나 정종이라 부르는 이름은 신주 이름인 것이다.

복잡 미묘한 왕의 호칭

여기서 왕의 호칭에 대해 한번 정리하고 넘어가겠다.

세조 혜장승천체도열문영무지덕융공신명예흠숙인효대왕(世祖 惠莊

承天體道烈文英武至德隆功聖神明睿欽肅仁孝大王)

25글자나 되는 이 긴 호칭의 주인공은 익히 우리가 잘 알고 있는 조선 제7대 임금 세조의 정식 호칭이다. 이 호칭을 항목별로 분류하면 이렇다.

세조(世祖 : 묘호) + 혜장(惠莊 : 명나라에서 내려준 시호) + 승천체도열문

영무(承天體道烈文英武 : 신하들이 올린 존호) + 지덕융공신명예흠숙인효

(至德隆功聖神明睿欽肅仁孝 : 신하들이 올린 시호)

원래 동아시아 한자 문화권에서는 피휘(避諱)라 해서 조상이나 군주의 이름을 함부로 부르거나 쓰지 않는 전통이 있다. 이 때문에 우리가 알고 있는 자(字 : 관례, 즉 성인식 이후 스스럼없이 부를 수 있도록 지은

이름)나 아호(雅號 : 자 이외에 편하게 부를 수 있도록 만든 이름. 일종의 별명)
같은 이명(異名)이 등장하게 된다. 이는 우리 땅에도 고스란히 전래되
었다.

　일반 사대부나 양반의 경우에도 서로 이름을 부르는 걸 꺼려했는
데 임금의 경우 어떠했겠는가. 간단하다. 임금의 이름은 불러서도 적
어서도 안 되었다. 과거시험에 임금의 이름이 들어가는 글자를 써서
냈다가는 그 자리에서 바로 낙방이었다. 이러다 보니 과거시험 응시
자들은 역대 임금들의 이름과 글자를 외우고 이를 피해서 답안을 작
성해야 했는데 이러다 보니 왕족들과 왕자들은 평소에 자주 쓰지 않
는 글자를 찾아서 이름을 지어야 했다.

　태조 이성계가 임금이 되자마자 제일 먼저 한 것이 개명이다. 이
성계의 성(成)자와 계(桂)자는 흔히 쓰는 글자였기에 민간의 언어생활
에 큰 문제가 되리라 판단해 이름을 단(旦)으로 고쳤다.

　살아생전에 중요했던 임금의 호칭은 죽어서도 그 가치를 잃지 않
았다. 아니 더욱 중요했다 할 수 있다. 그럼 앞에서 언급한 임금의 호
칭을 살펴보자. 임금의 사후 호칭은 크게 4개로 분류된다.

① 묘호(廟號)
② 명나라에서 내려준 시호(諡號)
③ 신하들이 올린 존호(尊號)
④ 신하들이 올린 시호(諡號)

묘호는 앞에서도 언급했지만 삼년상이 끝난 뒤에 붙여주는 신주 이름이다. 시호란 죽은 이의 삶이나 업적을 평가하고 기리기 위한 호칭이다. 이 시호는 명나라에서 받았다. 그리고 존호가 있는데 존호란 왕과 왕비의 덕을 기리기 위해 신하들이 올리는 호칭이다.

여기서 가장 중요한 것이 묘호다. 일반적으로 우리가 왕의 이름이라고 알고 외우는 것이다. 실제로 왕들도 이 묘호에 꽤 집착했다. 바로 '조(祖)'와 '종(宗)'의 차이 때문이다. 어떤 왕은 '조(祖)'를 붙이고, 또 어떤 왕은 '종(宗)'을 붙이는데 조와 종을 붙이는 기준과 차이점은 뭘까? 심지어 '군(君)'이 붙는 경우도 있는데 여기에도 법칙이 있을까?

선조의 존호를 정하여 올리다

조선 시대 왕들의 묘호를 결정하는 데는 분명한 원칙이 있었다. 그 원칙이 결정된 것은 태조 시절이었다.

> "공 있는 이는 조(祖)로 하고 덕 있는 이는 종(宗)으로 하니, 효도는 어버이를 높이는 것보다 큰 것이 없으며, 시호(諡號)로써 이름을 바꾸게 되니 예의는 마땅히 왕으로 추존(追尊)함을 먼저 해야 될 것입니다."
>
> —《조선왕조실록》 태조 1년, 1392년 11월 6일의 기록 중 발췌

소위 말하는 조공종덕(祖功宗德)의 등장이다. 이 조공종덕의 뿌리를 거슬러 올라가면 사마천(司馬遷)의 《사기(史記)》까지 거슬러 올라가는데 《사기》의 〈효문본기(孝文本紀)〉를 보면 "임금 중에서 공적이 있는 자는 '조(祖)'라 하고, 덕망이 있는 자는 '종(宗)'을 붙여 사용한다(祖功宗德)"라는 말이 나온다. 즉, 임금의 묘호란 신료들이 왕의 일생을 평가해서 공이 많다고 여기면 조(祖)를 붙이고, 덕이 많다고 판단되면 종(宗)을 붙였던 것이다.

그렇다면 군(君)을 쓴 왕들은 뭘까? 이들은 종사를 행하는 데 있어 죄를 지었기에 종묘에 들어갈 수 없어 묘호를 받을 수 없었던 이들이다. 연산과 광해는 조정 내부의 권력 투쟁을 진압하는 데 힘을 기울이고 외세에서 벗어나려 노력했지만 수구 세력과의 권력 다툼에 패배해 묘호조차 받지 못하고 '군'으로 강등당했다. 반정(反正)을 일으키게 만든 당사자인 데다 폭정과 패륜으로 종묘사직의 명분과 절의를 잃었기 때문에 폐출되었다는 게 그 이유다.

여기서 재미있는 사실은 왕들은 종(宗)이라는 호칭보다 조(祖)라 불리기를 원했고, 그걸 신하들에게 은근히 요구했다고 한다. 의례적으로 덕이 있다는 표현보다는 확실하게 공이 있다는 말을 듣고 싶어 했던 것이다.

심지어는 이미 정해진 묘호를 뒤바꾼 경우도 많았다. 계유정난으로 단종을 쫓아낸 세조의 경우 신하들은 신종, 예종, 성종 중 하나를 고르려 했으나 아들인 예종이 계유정난의 공을 내세워 세조라는 호칭을 밀어붙였던 것이다. 정인지(鄭麟趾)가 나서서 이미 세종이라는 호칭이 있기에 세조를 붙이기 어렵다고 말했으나, 예종이 한나라의 예를 들며 세조를 강력하게 주장한다. 당시의 기록을 잠깐 살펴보자.

> 하동군(河東君) 정인지 등이 아뢰기를, "(중략) 세조는 우리 조종에 세종이 있기 때문에 감히 의논하지 못하였습니다" 하였다.
> 임금이 말하기를 "한나라 때에 세조가 있고 또 세종이 있었는데, 이제 세조로 하는 것이 어찌 거리낌이 있겠는가?" 하니
>
> ─《조선왕조실록》예종 즉위년, 1468년 9월 24일의 기록 중 발췌

단종을 죽이고 왕위를 차지한 세조의 명예를 위해서라도, 또 그 피를 이어받은 자신의 종통에 대한 정당성을 위해서라도 예종은 세조라는 호칭을 강력하게 주장했고 그 뜻을 관철시킨다.

이후에도 묘호를 둘러싼 이견들은 계속됐는데 아예 묘호를 바꿔버린 사례도 심심찮게 발견할 수 있다. 제14대 임금이었던 선조도 원래는 선종이었고, 21대와 22대, 23대 임금이었던 영조와 정조, 순조도 원래는 영종과 정종, 순종이었다. 조선왕조에서 '조'가 붙은 왕은 태조, 세조를 비롯해 7명이고 '종'이 붙은 왕은 18명이다. 연산군과 광해군은 묘호 자체가 없이 '군'으로 불렸다.

왕실 계보에 이름 올리기

이와 달리 군(君)으로 강등됐다가 추봉(追封)된 사례도 있는데 바로 단종이다. 단종은 사육신의 난 이후 죄인의 신분이 돼 노산군(魯山君)으로 강등됐었는데 숙종 24년(1698년) 임금으로 복위됐다. 비운의 왕에 대한 숙종의 배려였다고 해야 할까? 그러나 묘호만 놓고 보자면 진짜 비운의 왕은 따로 있었으니 바로 조선 제2대 임금 정종이다.

해동(海東) 육룡(六龍)이 나르샤 일마다 천복(天福)이시니…….

세종 시절에 나온《용비어천가(龍飛御天歌)》의 1장 도입부다. 해석해보면 해동(우리나라)의 여섯 용(임금)이 날아오르니, 그 하신 일(개국)마다 모두 하늘이 내리신 복이라는 뜻이다. 여기서 주목해야 할 것이 '육룡(六龍)'이란 대목이다. 여기서 육룡이란 목조(穆祖 : 이안사) – 익조(翼祖 : 이행리) – 도조(度祖 : 이춘) – 환조(桓祖 : 이자춘) – 태조(太祖 : 이성계) – 태종(太宗 : 이방원)까지 모두 여섯 왕을 의미한다. 뭔가 허전하지 않은가? 그렇다. 조선 제2대 왕 정종이 빠져 있다. 세종이 보기에 정종은 조선 창업에 아무런 공이 없다고 본 것이다.

세종의 홀대는 이뿐만이 아니었다. 보통 왕이 죽으면 실록 편찬을 해야 하는데 어찌 된 영문인지 정종의 실록은 만들어지지 않았다. 태종이 죽고 나서 태종실록을 만들려고 보니, 그 전대인 공정왕실록을 비워둘 수 없었기에 같이 만들었던 것이다. 실록뿐만이 아니다. 묘호

도 생략하고 명나라에서 보내준 공정(恭靖)이라는 시호만 붙여 공정
왕이라 칭했다. 이유가 뭘까? 하나만 꼽자면 태종 시절부터 이루어진
왕권 보호 노력 때문이다. 이 이야기는 제1차 왕자의 난으로 거슬러
올라간다.

　제1차 왕자의 난으로 정권을 잡을 당시 이방원이 내세운 쿠데타
명분은 "정실의 자식이 있는데 첩의 자식을 세자에 앉히는 건 부당하
다"란 논리였다. 계비였던 신덕왕후(神德王后) 강씨를 첩으로 규정한
것이다. 이런 명분을 가지고 집권한 이방원은 자신이 직접 왕위에 오
르는 것은 무리란 판단을 내렸고, 대신 적장 승계의 원칙에 따라 정종
을 왕위에 추위했다. 여기서 주목해봐야 할 것이 정종의 자식들이다.
만약 정종에게 자식이 있다면 왕위는 정종의 아들에게 돌아갈 것이
아닌가? 당시 정종은 총 25명의 자식을 두고 있었는데 왕자만 17명,
옹주만 8명이었다.

　여기서 주목해봐야 할 것이 이들은 모두 첩의 소생이었다는 것이
다. 즉, 정안왕후(定安王后) 김씨의 몸에서는 자식이 태어나지 않았던
것이다. 명목상으로 보자면 제1차 왕자의 난 당시 이방원의 주장과
맞아 떨어진다. 정실의 자식이 없으니, 동생인 자신이 세자가 되어 왕
위를 이어받겠다는 것이다. 조삼모사식 해석이지만 어쨌든 명분은 들
어맞는다. 문제는 태종의 성격이었다.

　태종의 왕권에 대한 집착은 결벽증에 가까웠다. 태종은 왕권에 대
한 도전이 예상된다는 이유만으로 일가친척 모두를 제거했다. 처남인
민무구(閔無咎), 민무질(閔無疾) 형제를 도륙한 것도 모자라 외척이 발

호할지 모른다는 두려움 때문에 세종의 처가까지 몰살시킨 것이 그 대표적인 예다. 이렇듯 왕권에 매우 민감한 반응을 보였던 태종이었기에 정종이란 존재는 늘 껄끄러운 대상이었다. 비록 정종 본인은 정치에 뜻이 없다고 했지만 그의 상왕(上王 : 정종은 태종에게 왕위를 물려주고 나서도 19년이나 더 살았다)이라는 타이틀과 그가 낳은 수많은 자식들(17남 8녀 : 즉위 이전 유씨 부인에게 '불노'를 즉위 이후 시비 기매에게 아들 '지운'을 얻었지만, 정치적 이유로 이들은 아들로 인정받지 못했다)까지 무시할 수는 없었다.

이런 생각들과 맞물려 나온 것이 바로 왕실 족보다. 태종은 자신의 왕통을 정당화시키고, 여타의 친인척들이 감히 왕권을 넘보지 못하도록 왕실 족보를 《선원록(璿源綠)》, 《종친록(宗親綠)》, 《유부록(類附綠)》 세 가지로 나누어 작성할 것을 명하였다. 《선원록》에는 시조인 이한(李翰)부터 태종 자신까지의 직계만을 수록하고, 《종친록》에는 왕의 아들 중에서도 적자를 대상으로 하여 태조 이성계와 자기 아들만을, 《유부록》에는 딸과 서얼을 수록하였다. 이렇게 족보를 분리해버림으로써 태종은 이성계의 형제인 이화(李和), 이원계(李元桂) 등을 족보에서 아예 빼버렸고 왕권에 대한 생각도 접게 했다. 또한 정종의 자식들에게는 확실하게 서얼이라는 꼬리표를 붙여버려 왕위를 넘볼 수 없게 해놓았다. 비록 허울뿐인 상왕이라지만 만에 하나 이 17명의 자식 중 한 명이라도 상왕의 자식이란 이유로 언감생심 왕위를 넘볼 생각마저 애초에 차단해버렸던 것이다.

태종에게 있어서 정종과 그 자식들은 빈껍데기 왕족이 아니라 늘

견제해야 할 정치적 위협이었다. 그래서 정치적으로 정종을 배제하기 위해 아예 묘호조차도 주지 않았다. 그나마 숙종 시절 늦게나마 정종이라는 묘호를 받은 게 불행 중 다행이라고 해야 할까? 무려 262년간 왕 대접을 받지 못했던 정종은 그제야 조선왕조 왕실 계보에 이름을 올릴 수 있었다.

능원묘(陵園墓)

왕과 왕실 식구들의 무덤은 일반 무덤과는 격이 달랐는데 왕족 내에서도 구분이 있었다. 바로 능원묘다.

능(陵)은 왕과 왕비의 무덤을 말하는데 만약 왕위에 있다 쫓겨나거나 왕비로 있다가 폐서인 되는 경우에는 능이라는 호칭을 사용할 수 없었다.

원(園)은 왕세자와 왕세자빈, 왕세손과 왕세손빈 또는 왕의 생모인 빈(嬪)과 왕의 친아버지의 무덤을 뜻한다. 왕과 왕비가 될 뻔했던 이들이나 왕을 낳았던 후궁들에게 돌아가는 무덤의 호칭이다.

묘(墓)는 그 외에 빈, 왕자, 공주, 옹주, 후궁, 귀인 등의 무덤뿐만 아니라 일반인들의 무덤을 뜻한다. 우리가 잘 알고 있는 연산군, 광해군과 같이 폐출된 왕의 무덤은 연산군 묘, 광해군 묘라고 칭한다. 물론 그 규모 역시 압도적으로 작다. 왕의 자리에서 쫓겨나 일반인으로 강등됐다고 보면 될 것이다.

사도

줄거리

당쟁의 희생양이었던 사도세자를 재조명해 영조와 사도세자 그리고
정조에 이르기까지 조선왕조 3대에 걸친 비극적인 가족사를 그렸다.

특기사항

조선의 중흥기를 이끈 왕이면서도 아들을 죽음에 이르게 한 영조와 아
버지와의 대립으로 죽음에까지 이른 사도세자의 갈등을 잘 드러냈다.

개봉일 : 2015년 9월 16일
감독 : 이준익

결혼은 권력을 얻는
가장 손쉬운 방법.

송강호(영조 역), 유아인(사도 역) 주연의 영화 〈사도〉는 아버지가 아들을 뒤주에 가둬 죽이는, 그것도 왕이 자신의 후계자인 세자를 죽인 사건을 다루고 있다. 이 사건은 조선 역사상 가장 충격적인 가정사임이 틀림없다. 덕분에 이 이야기는 사극의 단골 소재로 활용되고 있다. 대충 손에 꼽아 보아도 〈하늘아 하늘아〉, 〈조선왕조 오백 년 – 한중록〉, 〈대왕의 길〉, 〈이산〉, 〈정조암살 미스터리 8일〉, 〈한성별곡〉 등등 근래에 찍은 드라마만도 이 정도다. 앞에서 언급한 〈역린〉도 따지고 보면 〈사도〉의 뒷이야기라 할 수 있을 것이다. 아버지가 아들을 죽이고, 이 죽은 아들의 아들이 복수한다. 드라마가 갖춰야 할 모든 걸 가진 이야기라 할 수 있다.

여기서 우리가 주목해봐야 할 인물이 할아버지, 아버지, 아들로 이어지는 3대의 비극을 곁에서 지켜본 여인, 바로 혜경궁 홍씨다. 혜경궁 홍씨는 말년에 자신의 친정을 위해 쓴《한중록(閑中錄)》을 통해 3대에 걸친 비극을 담담히 풀어냈다. 이 책은 사도세자(思悼世子) 관련 사건들의 1차 사료로써 평가되며《인현왕후전(仁顯王后傳)》,《계축일기(癸丑日記)》와 함께 3대 궁중문학으로 손꼽히는 작품이다. 물론, 자신의 친정을 비호하기 위해 쓴 글이라며 비판하는 이들도 있으나 임오화변(壬吾禍變 : 사도세자를 뒤주에 가둬 죽인 사건)을 옆에서 지켜본 목격자이자 사건 관계자가 직접 기술한 책이란 점에서 그 가치를 무시할 수는 없을 것이다.

중전은 왕의 국정 파트너

혜경궁 홍씨는 어떻게 사도세자의 아내가 됐을까? 지금의 결혼풍속으로 보자면 사랑하는 연인들은 연애 기간을 거친 뒤 서로의 감정을 확인하고 결혼을 하지만(소개에 의해 만나더라도 최소한 서로 마음은 맞춰보지 않는가?) 조선 시대, 특히나 왕가의 결혼에서 개인의 감정 따위는 사치였다. 이는 혜경궁 홍씨가 결혼했을 당시 나이만 봐도 알 수 있다. 혜경궁 홍씨는 열 살에 사도세자와 혼인을 했는데 개인적인 감정은 고사하고 결혼이 어떤 의미인지도 모를 나이였다.

원래 국혼(國婚 : 왕실의 혼인)의 기본 원칙은 간택(揀擇 : 왕실 혼사에서 배우자를 고르는 것)을 통해 적절한 규수를 찾아서 혼인을 시키는 것이지만 간택 전에 미리 낙점해놓는 경우가 많았다. 혜경궁 홍씨도 마찬가지였는데 이미 초간택 때 인원왕후(仁元王后 : 숙종의 계비) 서씨와 정성왕후(貞聖王后 : 영조의 비) 서씨 등을 만났고, 궁궐 안 궁인들은 장래의 세자빈을 안아보겠다며 서로 앞다투어 혜경궁을 끌어안은 걸 보면 이미 세자빈으로 낙점됐을 거라는 추론도 가능하다.

그럼 어째서 혜경궁 홍씨였을까? 물론 가문으로 보자면 그녀의 집안이 그리 빠지는 집안은 아니었다. 그녀의 조상을 거슬러 올라가다 보면 조선의 14대 임금 선조가 나온다. 선조의 딸 정명공주(貞明公主)의 6대손이 바로 혜경궁 홍씨다. 그리고 그녀의 부친 홍봉한(洪鳳漢)은 노론(老論)이었다.

조선 후기로 들어서면서 조선의 정치체계는 붕당정치로 고착화된다. 그중 단연 돋보였던 당파가 서인이었다. 인조반정 이후 실권을 잡은 서인은 안동 김씨 일가가 세도정치를 할 때까지 조선의 여당으로 활약하게 된다(숙종 시절 남인에게 잠시 자리를 내준 적이 있다).

인조반정으로 정권을 잡은 서인 정권이 정권 유지를 위해 내세운 철칙 한 가지가 있다.

숭용산림(崇用山林) 국혼물실(國婚勿失)

숭용산림이란 재야의 학자들을 우대한다는 의미고, 국혼물실이란 왕비를 서인 가문에서 낸다는 뜻이다. 조선 후기 서인 세력들이 조정을 장악할 수 있었던 이유는 바로 이 철칙을 지켜왔기 때문이라 할 수 있다.

왕의 여인을 분류하면 정비(正妃) 즉, 중전(中殿)과 첩인 후궁(後宮)으로 나눌 수 있다. 후궁은 막말로 왕의 첩이다. 운이 좋아 아들을 낳는다 하더라도 이 아들이 왕이 될 확률은 극히 희박했고(조선 후기로 가면 후궁 소생 왕자들이 왕이 되기도 한다), 설령 왕이 되더라도 서자 출신이란 꼬리표 때문에 자격지심을 가져야 했다. 그래도 어쨌든 아들이라도 낳을 수 있으면 그나마 다행인데 만약 자식도 못 낳으면 왕이 죽은 뒤 정업원(淨業院 : 왕을 모셨던 후궁 중 자식이 없는 후궁이 왕이 죽은 뒤 들어가 왕을 위해 불공을 드리며 수절했던 곳)으로 들어가 쓸쓸한 말년을 보내야 했다. 법적으로 후궁은 그냥 왕의 첩일 뿐이었다.

그렇다면 중전은 어떠했을까? 중전은 왕의 정실부인이자 한 나라의 국모다. 이런 중전의 권한은 대단하다. 중전이 가진 권한 중 제일 큰 권한은 뭐니 뭐니 해도 그녀의 소생 중 한 명이 왕이 될 수 있다는 것이다. 조선의 기본적인 왕위승계 법칙은 적장승계(嫡長承繼 : 정실부인, 즉 중전이 낳은 장자가 승계한다)를 원칙으로 한다. 아닌 말로 서자들까지 나서서 왕권을 다툰다면 나라 꼴이 어떻게 되겠는가? 그야말로 피바람이 불 것이다.

왕조 국가에서 다음 왕위를 결정짓는 왕자를 낳는다는 것은 말 그대로 정권을 창출한다는 의미다. 그렇기에 세자빈 간택이나 왕비 간택 시 조정의 모든 눈이 집중될 수밖에 없었다. 왕실에서도 신하들과 왕의 힘 균형을 위해서 중전 간택에 신중을 다했는데 대비가 이쪽 계열 출신이라면 중전은 반대쪽 계열 출신 처녀를 뽑았다. 덕분에 대비와 중전 사이에는 냉랭한 기류가 흐르는 경우가 많았다.

그럼에도 불구하고 중전 간택에 있어 집안을 중요시했다는 건 역사적으로도 증명되고 있다. 조선왕조 오백 년을 거쳐 간 42명의 왕비 중 무려 12명이 청주(淸州) 한씨, 여흥(驪興) 민씨, 파평(坡平) 윤씨 출신이다. 특히 청주 한씨의 경우에는 추존(追尊 : 생전에는 왕이나 왕비가 아니었으나 사후에 왕이나 왕비로 올려주는 것)된 왕비나 태조비인 신의왕후(神懿王后)까지 포함해 무려 6명이나 왕비를 배출한 가문이다(신의왕후는 안변安邊 한씨 출신인데 이 안변 한씨는 청주 한씨 가문에서 분적한 가문이다).

청주 한씨 출신으로 조선 시대에 활약한 가장 유명한 인물이 바로 권신 한명회(韓明澮)다. 한명회 역시 자신의 권력을 공고화하기 위해 자신의 두 딸을 각각 예종과 성종에게 시집보냈다. 물론, 두 딸의 운명은 아버지의 바람과는 달리 불행하게 끝났다. 예종에게 시집간 장순왕후(章順王后) 한씨는 인성대군(仁城大君)을 낳았으나 산욕으로 사망했고, 성종에게 시집간 공혜왕후(恭惠王后) 한씨도 열아홉 어린 나이에 병으로 사망하게 된다.

특히 주목해야 할 것이 성종의 비였던 공혜왕후 한씨다. 예종 사망 후 후계구도를 결정할 때 성종(당시 자을산군者乙山君)은 왕위 계승서열 3위였으나, 그가 권신 한명회의 딸과 결혼했다는 이유로 형인 월산대군(月山大君)을 제치고 왕위에 오를 수 있었다. 한마디로 말해 중전 자리는 왕의 아내라는 사적 영역이 아니라 왕의 국정 파트너라고 받아들여도 좋을 만큼 중요한 자리였던 것이다. 이런 중전 자리를 놓치지 않는다면 정권도 계속해서 거머쥘 수 있었다.

세자의 모후가 서인 출신이라면 아무래도 아들에게 영향력을 행사할 수 있지 않았을까? 서인은 이걸 노렸다. 이런 원칙은 서인이 노론과 소론으로 갈라졌을 때도 계속해서 이어졌는데 노론 세력들은 권력을 지키려고 자신들의 가문에서 왕비를 배출하기 위해 모든 당력을 집중했고, 실제로 그렇게 했다. 덕분에 노론은 조선 후기 조선의 정치를 좌지우지할 수 있었다. 이런 당파싸움의 결과가 혜경궁 홍씨의 입궁이었고, 뒤이어 사도세자의 죽음으로 이어졌다.

근친상간도 마다하지 않는 권력욕

결혼은 개인 대 개인의 결합이기 이전에 집안 대 집안의 결합이다. 하물며 나라를 통치하는 왕에게 있어서는 국가 운영과 직결된 문제였다. 이를 두고 조선이란 나라만의 특별한 경우라고 생각하지 않았으면 좋겠다. 모든 왕조 국가, 아니 왕조 국가를 떠나 동서고금을 통틀어 거의 모든 혼인이 그러했다.

예를 들자면 '합스부르크의 턱(Habsburg lip)'으로 유명한 합스부르크 가문 또한 그러한 결혼을 했던 대표적인 가문이다. 10세기에 알프스 촌구석의 지역 유지였던 합스부르크 가문은 이후 20세기까지 왕위를 유지해왔다. 그것도 전 유럽 곳곳에 흩어져 있는 수많은 왕국의 군주와 여왕, 왕비로 말이다. 이게 어떻게 가능했을까?

그들의 모토를 들어보면 이해가 빠를 것이다. "행복한 합스부르크여, 그대는 결혼하라!" 합스부르크 가문은 결혼을 통해 동맹을 다지고, 이를 기반으로 전쟁을 피할 수 있었다. 이러다 보니 온 유럽의 어지간한 왕실에는 합스부르크 가문 사람들이 있었고, 이들은 세대를 거듭하면서 결국 근친상간에까지 이르게 된다. 사촌이나 육촌과 결혼하는 건 예사였고, 삼촌과 조카가 결혼하는 경우도 있었다. 이러다 보니 근친혼에 따른 유전병이 나오게 되었다.

합스부르크의 턱은 바로 이런 유전적 특징을 말하는데 합스부르크 사람은 한눈에 봐도 그 사람이 합스부르크 가문이란 걸 확인할 수 있을 정도로 턱이 튀어나왔다. 바로 주걱턱이다. 주걱턱이라고 해봤자 턱이 조금 나온 정도겠거니 하고 우습게 생각할 수도 있는데 파리가 입으로 들어가도 입을 다물 수 없을 정도였고, 심지어 미치광이 왕이 등장하기도 했다. 프랑스 대혁명으로 인해 형장의 이슬로 사라진 마리 앙투아네트도 죽기 전까지 자신의 주걱턱 때문에 심한 콤플렉스를 가지고 살았다고 한다.

이런 유전적 문제는 합스부르크 가문만의 문제는 아니었는데 프랑스의 부르봉 왕가는 매부리코를, 이탈리아의 메디치 가문은 대대로 추한 외모를 자랑했고, 트란실바니아의 바토리가는 대대로 정신병력을 유전으로 물려받았다. 이 모든 것이 근친혼에 따른 부작용이었다. 이런 유럽 왕조의 근친혼에 비하면 조선의 국혼은 오히려 평범했다 할 수 있다. 그리고 이는 현재까지 이어지고 있다.

한국을 이끄는 파워 엘리트들의 연결고리를 살펴보면 이들 네트워크의 기반은 결혼으로 엮인 혼맥(婚脈)이 자리하고 있다. 자유연애와 연애결혼이 보편화됐다고 하지만(이 역시도 막상 결혼이 코앞에 닥치면 서로의 조건과 집안을 살펴보기에 완전한 의미의 연애결혼은 아니다) 인류사에서 연애결혼이 등장한 것은 불과 150년 남짓이고, 한국에서 자유롭게 연애를 한 시기는 불과 50년도 되지 않았다. 인류 역사를 돌아보면 어쩌면 지금이 비정상인지도 모르겠다.

홍봉한(洪鳳漢)

혜경궁 홍씨의 부친이자 사도세자의 장인이었던 홍봉한은 딸 덕분에 출세한 대표적인 케이스다. 그는 예조판서 홍현보(洪鉉輔)의 아들이고, 조선에 고구마를 처음 도입한 조엄(趙曮)이 그의 매부였으며, '화정(華政)'을 쓴 정명공주와 영안위 홍주원(洪柱元)의 5세손이었다. 이렇듯 뼈대 있는 집안이지만 문제는 수재로 이름을 떨친 홍현보와 달리 서른한 살 때까지 계속 과거시험에 낙방해 결국 음서(蔭敍)로 참봉자리를 하나 얻어 벼슬살이하는 처지였다.

그러나 딸이 세자빈으로 간택되면서 그의 인생은 달라지기 시작했다. 당시 영조는 왕의 장인이 될 사람이라면 그에 걸맞은 실력과 지위를 갖춰야 한다고 생각해 홍봉한을 급제시켜야겠다고 결심하고 이를 직접 실천에 옮긴다.

문제는 당시 식년시(式年試 : 3년마다 보는 정규 과거시험)는 아직 멀었기에 영조대왕 쾌차 기념이란 명분으로 별시(別試 : 나라에 경사가 있을 때 치르는 과거시험)를 열었다. 이 과거시험은 이미 짜고 치는 시험이었다. 사전에 홍봉한에게 연락했고, 시험문제도 은근슬쩍 알려줬으며, 채점관들에게 이 시험의 개최 이유를 확실히 인지시켰다. 결국, 홍봉한은 과거시험에 급제하게 된다.

이후 조정에 출사한 홍봉한은 출세가도를 달리게 된다. 급제와 동시에 정5품 세자시강원 문학 자리에 앉았고, 급제 1년 뒤에는 종2품 광주 부윤 자리로 영전했다. 그의 초고속 출세에 사간원과 사헌부에서 비판했지만 영조는 이를 무시했다. 이후 홍봉한은 어영대장, 예조참판을 거쳐 우의정, 영의정의 자리에까지 오르게 된다.

삼총사

줄거리

알렉상드르 뒤마의 소설 《삼총사》를 차용해 인조 시기의 비극을 그렸다. 두 번의 호란과 뒤이은 소현세자의 의문의 죽음을 소재로 한 작품이다.

특기사항

인조는 권력욕 때문에 아들을 독살했다는 의심을 받고 있다. 조선과 명청 교체기의 혼란스러웠던 시기, 권력을 둘러싼 비극적인 역사를 호쾌한 액션 로맨스 활극으로 그렸다.

방영일 : 2014년 8월 17일~2014년 11월 2일
방송사 : tvN

새로운 조선을 꿈꾼
강인한 여성 강빈.

알렉상드르 뒤마(Alexandre Dumas)의 소설 《삼총사》가 17세기 조선 시대를 배경으로 리메이크됐다. 바로 tvN에서 야심차게 준비한 12부작 사극 〈삼총사〉인데 다르타냥을 음차해 이름 지은 박달향, 아라미스를 음차한 안민서란 이름부터가 심상치 않다. 이야기의 내용은 명청 교체기의 혼란기 속에서 약소국 조선의 왕세자와 세자빈이 삼총사(여기엔 소현세자昭顯世子도 포함돼 있지만)와 다르타냥(달향)의 도움으로 이를 극복해나가는 이야기다.

여기서 흥미로운 것이 바로 세자빈 강빈의 모습이다. 원작 《삼총사》의 안느 왕비 역을 그대로 들고 와 세자빈 강빈에게 앉힌 모습이라 할 수 있다. 주인공인 박달향이 자신은 소현세자의 사람이 아니라 강빈의 사람이라 말하는 것만 봐도 강빈의 매력을 확인할 수 있는데 역사 속 강빈은 드라마 속 강빈과는 조금 다른 성격의 여인이었다. 그럼 역사 속 강빈을 가져와 하나씩 살펴보자.

- 조선 왕실 여인 역사상 처음이자 마지막으로 해외에서 체류했던 여인
- 나라의 힘이 약해 볼모 생활을 했지만 남편의 사랑을 듬뿍 받았던 여인
- 기존의 왕실 여인들과 달리 궁 안에 머물지 않고 대외적으로 활동했던 여인
- 남편과 두 아들, 친정과 자신의 목숨까지 잃어야 했던 비극적인 삶을 살았던 여인

민회빈(愍懷嬪) 강씨의 기록을 살펴본 사람이라면 그녀가 조선 왕실 역사상 가장 드라마틱한 삶을 살았으며, 동시에 가장 비극적인 사랑을 했던 여인이란 말에 동의할 것이다. 그녀의 비극적인 삶을 되짚어보자.

세자빈으로서의 파란만장한 운명

세자빈 강씨는 우의정을 지낸 강석기(姜碩期)의 딸이다. 인조 5년 (1627년) 세자빈으로 간택되어 한 살 어린 소현세자의 빈이 됐는데 원

래 그녀는 세자빈으로 간택된 여인이 아니었다. 운명의 변곡석이 됐던 이괄의 난이 터지기 전 소현세자는 당대 명문거족이었던 파평 윤씨 출신의 여인과 혼인하기로 이미 내정돼 있었다. 그러나 이괄의 난 당시 이괄 측에 합류했던 윤인발(尹仁發)과 친인척이라는 이유로 대간(臺諫)들이 이 여인을 공격했고, 파평 윤씨 여성은 파혼당하게 된다(안타깝게도 이 여인은 파혼당한 이후 자살한다). 그리고 2년 뒤 금천 강씨 강석기의 딸이 세자빈으로 등극하게 된다(고려의 명신 강감찬 장군의 후예다. 강빈의 당찬 성격은 여기서 연유했는지도 모르겠다). 운명이라고 해야 할까? 강씨가 비극의 여주인공 자리에 낙점된 것이다.

뒤에서도 설명하겠지만 소현세자와 강빈의 금슬은 정말 좋았다. 하지만 이 어린 부부를 둘러싼 주변 상황이 문제였다. 궁에 들어온 지 얼마 되지 않아 터진 병자호란으로 소현세자와 강빈은 위기에 처하게 된다. 병자호란의 패배로 인조는 삼궤구고두례(三跪九叩頭禮 : 삼배구고두례라고도 하는데 황제 앞에서 세 번 무릎 꿇고 아홉 번 절하는 굴욕적인 예법)라는 굴욕적인 항복의 예를 행해야 했다. 조선의 완전한 패배였다.

그러나 고난은 여기서 끝나지 않았다. 청은 심지어 인조에게 두 아들을 볼모로 요구한다. 바로 소현세자와 봉림대군(鳳林大君 : 훗날의 효종)이 이들이다. 청의 요구에 조선은 세자와 왕자를 당시 청의 수도였던 심양으로 보내야 했다. 소현세자가 볼모로 끌려가니 세자의 아내인 강빈도 당연히 따라갈 수밖에 없었다. 긴긴 9년간의 볼모 생활의 시작이었다. 1637년 2월 8일의 일이다.

이때부터 조선 왕실 여인 중 가장 진취적이고 활동적이며 속된 말로 강단 있는 여성인 세자빈 강씨의 모습을 역사에서 확인할 수 있게 된다. 2월에 출발해 두 달간의 여정 끝에 심양에 도착한 소현세자 일행! 이때 청나라 관리가 세자빈 강씨에게 가마에서 내려올 것을 요구한다. 심양은 황제가 사는 곳이기에 제왕의 부인조차 가마에서 내려야 한다는 게 이유였다. 하물며 싸움에 져 볼모로 끌려온 번국의 세자빈이 가마를 탄다는 건 어불성설이라는 것이었다. 가마에서 내려 말에 오르라는 청국 관리의 말에 호종하던 조선의 신하들은 정색하며 달려들었다. 당시의 상식으로는 왕가의 여인이 가마에서 내려 말을 탄다는 건 있을 수 없는 일이었다. 이때 강빈은 아무렇지 않게 가마에서 내려 말에 올라탔다. 나라의 임금마저도 청나라 황제 앞에 무릎을 꿇은 이때 쓸데없는 명분에 집착해 감정과 시간을 낭비할 수 없다는 결연한 의지가 있었기 때문이다. 세자빈 강씨의 성격을 단적으로 보여주는 에피소드다.

외조라 불러도 손색없는 강빈의 내조

소현세자와 강빈의 금슬이 좋은 건 이 둘 사이에서 나온 자식의 수만 봐도 알 수 있다. 소현세자의 나이 열여섯, 강빈의 나이 열일곱 살 때 혼인했던 이 어린 부부는 2년 뒤 첫 아이를 낳았는데 어려서 죽은 군주(郡主 : 세자의 정실 딸) 둘을 포함해 총 8남매를 낳았다. 재미난 사실은 심양에 볼모로 잡혀간 9년 동안 낳은 아이가 무려 다섯 명이나 됐다는 것이다. 볼모 생활 9년 중 2년은 인렬왕후(仁烈王后)의 3년상이라 부부관계가 조심스러울 수밖에 없었다는 점까지 고려하면 이들 부부의 금슬은 일반의 그것을 넘어서는 수준이지 않았을까 짐작된다. 한마디로 말해 심양관에서 아이 울음소리가 들리지 않은 날이 없었다 해도 과언이 아닐 것이다.

이들 부부의 금슬이 좋았던 건 어떤 연유에서였을까? 상식적으로도 금슬이 좋을 수밖에 없었을 것이다. 만리타향에 볼모로 끌려왔으니 부부끼리 서로 의지할 수밖에 없지 않았겠는가. 여기에 더해 강빈의 내조, 아니 외조라 불러도 손색이 없을 정도의 지원과 배려는 부부의 사랑을 더 공고하게 해주었을 것이다.

당시 소현세자 부부가 거처했던 심양관은 조선의 심양 주재 대사관이라 할 수 있다. 심양관에 거처하게 된 소현세자는 조선의 전권대사(全權大使)로서의 활약을 보여준다. 청나라와의 외교 문제에 대해 무심했던 인조를 대신해 청과의 외교 문제를 해결하기 시작했던 것이다. 당시 외교 창구였던 청나라 용골대(龍骨大 : 타타라 잉굴다이)와의 팽팽한 기 싸움과 산적한 현안을 능숙하게 해결해나가는 소현세자의 모습은 조선의 미래를 기대하기에 충분했다. 실제로 소현세자는 조선이란 좁은 울타리를 벗어나 명청 교체기의 한가운데서 국제정세의 변화와 서양 문물을 두 눈으로 똑똑히 바라봤고, 이에 대해 아낌없는 관심을 보였다.

부창부수(夫唱婦隨)라 했던가? 남편이 정치적인 현안에 골몰하던 그때, 세자빈 강씨는 이런 남편을 도와야겠다는 생각을 한 듯하다. 그녀가 남편을 도울 방법은 가정 살림, 다시 말해 심양관의 재정을 확충하고 당시 청나라에 끌려와 있던 조선 사람들을 구제하는 것이었다. 하나씩 자세하게 설명하겠다.

첫째, 심양관의 재정상태 확충

당시 심양관의 총인원 수는 192명이었다. 가장 큰 문제는 이들의 체재비용이었다. 처음에는 조선에서 보내준 활동비와 청국 정부에서 지원해주는 체재비로 생활했지만, 양쪽 모두 이 체재비를 부담스러워했다. 특히나 청나라의 경우 문제가 심각했다. 정묘호란의 경우 광해군의 폐위에 대한 의리를 내세우며 일으킨 전쟁이었지만, 실상은 당시 청나라가 겪게 된 물자 부족 문제를 해결하기 위한 이유가 더 강했다. 그만큼 당시 청나라의 물자 부족 상황은 심각했다. 이런 와중에 1641년 청나라는 명나라와의 전쟁 때문에 거의 모든 식량이 군량미로 사용되면서 청국 정부는 심지어 심양관에 농사짓기를 권유하기에 이른다. 자급자족하라는 말이었다.

둘째, 심양에 있던 조선 노예 구제

정묘호란과 병자호란은 어찌 보면 청나라의 노예사냥을 위한 전쟁이었다 할 수 있다. 소현세자의 심양생활을 기록한 《심양일기(瀋陽日記)》를 살펴보면 "포로의 매매를 허락하며 청인들이 조선인 남녀들을 성문 밖에 집합시키니 그 짝이 수만이라, 혹 모자가 상봉하고, 혹 형제가 만나 서로 얼싸안고 울부짖으니 그 울음소리가 천지를 진동

하였다"라고 나와 있다. 그렇다면 당시 청나라에 끌려온 조선인 포로의 숫자는 어느 정도였을까? 최명길(崔鳴吉)의 《지천집(遲川集)》을 보면 당시 조선에서 잡혀간 사람들의 수가 50만 정도였다는 기록을 확인할 수 있다. 이 50만이라는 숫자를 다 믿을 수 없다 하더라도 대략 수십만의 조선인들이 끌려갔음을 짐작할 수 있다.

그렇다면 청나라는 어째서 조선인들을 이렇게 많이 잡아간 것일까? 일단은 만성적인 노동력 부족을 그 원인으로 찾을 수 있겠지만, 이보다 더 짭짤한 포로장사에 대해 알아야 이해하기가 쉽다. 당시 조선인 노예의 속환가(贖還價)는 적게는 수백, 많게는 수천 냥을 넘어섰다. 운 좋게 유력인사의 일가붙이라도 붙잡으면 수천에서 수만 냥의 돈을 벌 수 있었다.

당시의 기록을 잠깐 살펴보자.

"중남(仲男) 등이 개시(開市)하는 일로 다시 나와서 독촉하니, 시종 막기는 어려울 듯하고, 본도 백성은 부모·처자를 잃은 자가 많은데 몸값을 내면 돌려보낸다는 말을 듣고부터는 재산을 아끼지 않고 전택(田宅)과 노비(奴婢)를 팔아 값을 준비할 계책을 하고 있으니, 저들에게 지극한 정을 펴게 할 뿐만 아니라 국가에서도 잃었던 백성을 다시 찾아야 합니다. 다만 생각건대 개시한 뒤에 부모·처자를 잃은 자들이 모두 많은 비용을 아끼지 않는데 부모와 처자를 만나게 되면 비록 그들이 요구하는 값을 다 치르려 할 것이고, 저들은 그 절박한 정상을 살피고는 다시 값을 올려서 요구하면 반드시 더 준비하여 귀환시킬 수밖에 없을 것입니다."

―《조선왕조실록》 인조 5년, 1627년 11월 9일의 기록 중 발췌

황해 감사 장신(張紳)이 조정에 보고한 내용 중 일부다. 정묘, 병자
호란은 겉으로는 거창한 대의명분을 내세웠지만, 실상을 살펴보면 청
나라의 인력과 물자 부족에서 그 원인을 찾는 것이 옳을 것이다(물론,
정치적 계산도 있었겠지만). 그리고 이 물자 부족을 해결하기 위해 포로
장사를 시작한 것이다. 두 차례 호란을 통해 청나라는 수많은 조선인
포로를 끌고 갔다. 끌고 간 포로는 노동력으로 활용했고, 여성의 경우
에는 성 노리개로 썼다. 그러다가 이들의 소식을 듣고 찾아온 부모형
제들이 돈을 내면 이들을 팔았다.

하지만 문제는 가격이었다. 통상적인 거래라면 대체재를 찾거나
가격이 맞지 않으면 거래를 포기할 수도 있지만, 피붙이를 눈앞에 둔
상황에서 거래를 포기할 가족이 몇이나 되겠는가! 이러다 보니 청나
라 상인들은 점점 더 높은 가격을 부르게 됐고, 고생하는 피붙이를 본
이들도 달라는 대로 혹은 그 이상을 먼저 제시하곤 했다. 여기에는 가
진 자들의 생각 없는 행동들도 한몫했는데 돈 많은 양반이나 부호들
이 자신들의 가족만 생각해 적정가격 이상으로 돈을 지불하다 보니
속환가가 급등했던 것이다.

이런 척박한 현실 앞에서 세자빈 강씨는 유능한 경영자로서의 모
습을 보여줬다. 인조 17년, 심양의 팔왕(八王)이 은밀히 은자 5백 냥을
심양관에 보내왔다. 조선의 면포, 수달피, 꿀 등을 구해달라는 부탁을

하기 위해서였다. 속된 말로 밀수를 부탁했던 것이다. 그 정도로 당시 심양의 물자 부족 사태는 심각했는데 세자빈 강씨는 이를 기회로 청과의 무역을 실행하게 된다(이 무역으로 심양관의 경제적인 문제를 상당 부분 해결한다). 이후 인조 19년인 1641년 명나라와의 전쟁으로 식량부족을 겪게 된 청 조정에서 자급자족하라고 하자 강씨는 바로 자급자족 체제로 들어간다. 당시 심양관의 관리들은 이렇게 농사를 짓다 보면 영원히 조선에 못 돌아갈 수도 있다며 농사짓기를 반대했으나 강씨는 농사짓기를 강행한다. 처음에는 한인 노예들을 데려다가 청이 제공한 농토에서 농사를 지었는데 꽤 성공적이었다. 인조 20년의 심양 장계를 보면 이해 곡식 소출이 3,319석에 이를 정도였다.

강씨는 농사로 지은 이득을 더 큰 목적에 사용한다. 농사와 무역으로 얻은 이익으로 조선인 노예들을 속환시킨 다음 한인 노예 대신 농사를 짓게 했던 것이다. 농사라면 조선 사람 아니던가? 유목민족이 어려워하는 농사를 조선인들은 손쉽게 지었고, 영농사업은 계속해서 번창했다. 이익이 늘어날수록 경작하는 토지와 속환되는 조선인 노예들의 숫자도 늘어났다. 이제 심양관 앞은 노예들의 울음이 아니라 국제시장으로서의 면모를 갖추게 되었다(세자가 볼모 생활을 끝내고 조선으로 돌아갈 때 심양관에는 4,700석의 곡식이 남아 있었다고 한다. 강씨의 경영수완을 엿볼 수 있는 대목이다).

CEO 강빈의 몰락

만약 소현세자가 무사히 왕위에 올랐다면 조선의 르네상스를 연 명군(名君)을 만났을지도 모른다. 그러나 역사는 소현세자와 강빈의 역할을 희망 앞에서 멈춰 서게 했다.

명나라가 무너지자 청은 소현세자의 9년 볼모 생활을 끝내주기로 하고 이들을 고국으로 돌려보낸다. 문제는 이들을 받아들이는 인조의 마음이었다. 반정(反正)으로 정권을 잡은 인조는 늘 불안에 휩싸여 지냈다(드라마상에도 잘 표현돼 있다). 여기에 불을 붙인 것이 아이러니하게 도 소현세자였다. 아버지는 무력하게 청나라 황제에게 고개를 숙이고 아들까지 볼모로 보냈지만, 그 아들은 만리타향에서 고국을 위해 오 랑캐와 맞서 싸웠고, 아내와 함께 조선인 노예들을 구제하기 위해 백 방으로 뛰어다녔으니 민심이 어떠했겠는가. 여기에 인조의 후궁이었 던 소용 조씨의 베갯머리 송사까지 이어지자 소현세자의 목숨은 경 각에 달리게 된다. 그리고 소현세자는 귀국 후 두 달 만에 돌연 사망 하게 된다. 귀국 당시만 해도 삼십대의 패기만만한 모습을 보여주었 던 소현세자가 두 달 만에 의문사를 당한 것이다.

인조의 행동은 재빨랐다. 원래 조선의 종통은 아들이 죽으면 손자 가 그 뒤를 잇는 게 법도였으나 인조는 이를 무시하고 손자 대신 봉 림대군을 세자로 앉힌다. 인조의 의도가 손에 잡힐 듯 보이는 대목이 다. 그러나 인조의 마수는 여기서 끝나지 않았다. 소현세자의 아들 석 철을 폐립(廢立)시킨 지 두 달 만에 강빈이 인조를 독살하려 했다는 혐

의로(임금이 먹는 전복에 독을 타고 임금을 비방했다는 혐의) 역모를 씌웠다. 강빈 처소의 궁녀들을 모질게 고문하며 자백을 강요했지만, 이들은 끝까지 강씨와의 의리를 지켜 인조가 원하는 답변을 내놓지 않았다.

아무런 증거나 증언이 없었지만 인조는 세자빈 강씨를 폐위하기에 이른다. 인조 24년(1646년) 3월의 일이다. 그리고 사약을 내려 죽인다. 후속 조치도 재빨랐다. 심지어 소현세자의 자식 즉, 자신의 손자들을 유배 보내 죽이기까지 한다(막내만이 살아남는다). 그리고 강씨의 친정을 도륙 냈다. 권력의 잔인함이라고 해야 할까? 권력은 친아들과도 나누지 않는다는 말처럼 인조는 자신의 권력을 지키기 위해 자기 아들, 며느리, 손자까지 죽였던 것이다.

역사에 만약이란 말은 없지만, 만약 소현세자와 강빈이 살아서 무사히 왕위를 넘겨받았다면 조선의 역사는 달라졌을지도 모른다. 물론 기득권 세력의 반발로 무산됐을 수도 있지만, 서양 문물을 접하고 국제정치의 한가운데서 외교 감각을 익힌 소현세자와 노련한 경영수완을 보여준 강빈은 조선왕조가 낳은 완벽한 정치파트너가 됐을지도 모를 일이다. 안타깝다는 표현만으로는 다 설명할 수 없는 진한 아쉬움이 남는 이야기라 할 수 있겠다.

정묘호란(丁卯胡亂)

1623년 능양군(綾陽君 : 인조)을 앞세운 서인 세력들은 인조반정을 일으킨다. 이때 이들이 들고나온 대의명분은 친명배금(親明排金 : 명과 친하게 지내고 금을 배척한다) 정책이었다. 재조지은(再造之恩 : 나라를 다시 만들어준 은혜, 즉 임진왜란 당시 명의 참전을 의미함)을 갚기 위해 친명배금 정책을 외교의 기본 노선으로 한다는 것이다. 광해군 정부가 외교의 기본정책으로 내놓은 기미책(羈縻策 : 후금과 현상을 유지하는 정책)에 대한 반발이었다. 그러나 현실과 이상은 차이가 날 수밖에 없다. 집권을 위해 친명배금이란 대의명분을 내세웠지만 친명배금을 주창한 서인 세력들 사이에서도 이 공약(公約)이 공약(空約)에 불과하다는 걸 누구보다도 잘 알고 있었다. 결국, 이들은 광해군이 내세운 기미책을 그대로 유지하기에 이른다.

그런데 인조 5년(1627년) 1월 후금이 침공해왔다. 바로 정묘호란이다. 인조 정부는 완전히 패닉 상태에 빠져들었다. 전쟁과 맞닥뜨린 정부로서야 당연한 일이지만 당시 정부의 패닉은 성질이 좀 달랐다. 침략당했다는 사실이 문제가 아니라 침략당한 이유를 몰랐던 것이다. 침략당할 이유가 없었기 때문이다.

인조 정부는 겉으로는 친명배금 정책을 주장했지만 실제로는 광해군이 내세웠던 기미책을 그대로 계승하고 있었다. 인조 즉위 이후 대외정책의 변화라면 조선에 주둔하고 있던 명나라 장수 모문룡에 대한 우호적인 제스처 정도가 다였다. 이런 상황에서 후금군이 쳐들어왔으니 인조 정부로서는 도무지 그 이유를 알 수 없었다. 이때 인조 정부를 당황하게 만든 사건이 하나 더 터졌는데 후금에서 화친 제의가 들어온 것이다. 후금군의 침입 사실이 조정에 보고된 날짜가 인조 5년(1627년) 1월 17일이었다. 그리고 후금으로부터 화친 제안이 들어온 날짜가 1월 18일이었다. 침공하자마자 화친을 제의한 것이다. 그러니 왜 쳐들어왔는지 더 궁금할 수밖에.

상식적으로는 친명배금 정책을 추진하는 인조정부에 대한 반감이 침략의 원인 같지만 그 이면에는 후금의 심각한 식량난과 물자난이 있었다. 대부분의 생필품을 명나라에 의존해왔던 후금이 무순성을 공략하면서 명나라와의 관계는 틀어지다 보니 자연스럽게 생필품이 부족하게 되었고, 여기에 만주 일대를 휩쓴 기근으로 아사자가 속출하는 등 국가적 위기 상황에 봉착하게 되었다. 이 난국을 타개하기 위한 카드가 조선 침공이었다. 조선을 침공해 부족한 물자를 수탈해가겠다는 의도였다. 이는 정묘호란을 끝내기 위해 후금과 맺은 정묘조약에 잘 나타나 있다. 정묘조약의 주요 내용을 살펴보면 조선은 명나라 연호인 천계(天啓)를 쓰지 않은 국서를 발송해야 했으며, 해마다 목면 1만5천 필에, 면주 2백 필, 백저포(白苧布) 250필을 지급하기로 했다. 전쟁은 명분 이전에 실리가 있는 법이다.

대박

줄거리

숙종 대부터 시작해 경종, 영조로 이어지는 격동의 시기를 도박이라
는 새로운 프리즘으로 해석한 작품이다.

특기사항

도박이라는 새로운 장치를 통해 숙종 시기의 격동기를 그렸다. 투전,
골패, 바둑, 장기, 쌍륙, 검패, 승경도 등 조선 시대를 풍미했던 찬란
하고도 위험한 놀음들이 등장하는 투전방 모습을 잘 표현해냈다.

방영일 : 2016년 3월 28일~2016년 6월 14일
방송사 : SBS

왕의 수명은 곧
권력의 수명.

　〈대박〉은 또 숙종 이야기냐는 눈총을 받았지만, 연기자들의 호연과 감각적인 연출로 시청자들의 호평을 끌어내는 데 성공한 작품이다. 그런데 한가지 궁금한 것이 어째서 경종은 4년 2개월이라는 짧은 재위 기간을 마치고 역사의 뒤안길로 사라졌는가 하는 대목이다. 아버지 숙종의 45년 10개월, 동생인 영조의 51년 7개월이라는 장대한 재위 기간에 비해 너무 초라한 재위 기간이기 때문이다. 조선의 27명 임금 중 재위 기간 1, 2위를 차지한 것이 아버지와 동생이니 더더욱 초라해 보이지 않을 수 없다. 이 대목에서 우리가 생각해봐야 할 것이 왕조 국가라는 성격이다.

　왕의 자리란 것은 일단 오르는 것도 힘들지만 얼마나 오래 그 자리를 지키는가도 중요하다. 재위 기간이 곧 정권의 수명이고 대부분

왕의 자연수명과도 일치하는 상황에서 왕의 재위 기간은 언제나 초미의 관심사였다. 성군의 경우는 좀 더 오래 재위하길 바라고, 폭군의 경우는 좀 더 일찍 내려오길 바라는 것이 인지상정이니 말이다. 그러나 왕조 국가에서 정권의 수명은 곧 왕의 수명과 동일시되는 상황. 그래서 정권을 끝내기 위해서는 비합법적인 수단을 쓸 수밖에 없었다.

역대 왕들의 평균 수명은 마흔일곱

조선왕조를 살펴보면 비합법적 수단을 써 재위 기간을 단축한 사례가 6건(1대 태조 때 왕자의 난, 6대 단종 때 벌어진 계유정난, 10대 연산군 시절의 중종반정, 15대 광해군 시절의 인조반정, 26대 고종의 강제양위, 27대 순종의 국권 상실), 비합법적 수단을 썼을 것이라고 추측되는 사례(독살설 등)가 6건(12대 인종, 14대 선조, 17대 효종, 18대 현종, 20대 경종, 22대 정조)이다. 27명의 임금 중 12명이 비합법적 수단에 의해 왕의 자리에서 밀려났거나 그랬으리라 추측되니 왕의 자리는 오르는 것도 중요하지만 지키는 게 더 어렵다는 걸 확인할 수 있다.

여기에 한 가지 더 생각해봐야 할 게 왕의 수명이다. 보통 한 나라의 임금이라 하면 당대 최고의 의식주와 함께 의료서비스도 받는다. 그런데 최고의 의식주와 당대 최첨단 의료서비스를 받았던 조선의 왕들은 이런 혜택에도 불구하고 늘 하나 이상의 질병을 앓았고, 수명도 만족할 만큼 길지 못했다. 역대 27명의 왕의 평균 수명은 마흔일곱이었다. 경종은 서른여섯에 죽었으니 평균보다 11년이나 빨리 죽은 것이다. 과연 무슨 문제가 있었던 걸까?

경종의 인생을 단적으로 보여주는 야사가 하나 전해진다. 어머니인 희빈 장씨가 당쟁에 휘말려 사약을 받게 됐는데 죽기 전 장희빈이 숙종에게 간곡히 부탁했다고 한다.

"죽기 전 세자를 한 번만 보게 해주십시오."

마음이 약해진 숙종이 당시 세자였던 경종을 불러왔는데 이때 장희빈이 경종의 성기를 낚아채 성불구자로 만들었다는 이야기다. 장희빈이 아무리 독해도 자신의 친아들의 인생을 그렇게 망쳤을 리는 없고, 설사 왕실의 대를 끊는 복수를 꿈꿨다 하더라도 이는 오히려 자신을 망치는 방법이었다. 당시 남인을 배경으로 정치투쟁에 나섰다가 노론에게 밀려 사약을 받았던 장희빈으로서는 아들이 무사히 왕위에 올라 남인 세력을 규합하고 노론 세력을 처단하는 것만이 가장 확실한 복수였기 때문이다. 이런 상황에서 아들을 성불구자로 만들었다는 것은 어불성설이 아닐 수 없다. 그럼에도 이 야사를 주목해봐야 할 이유가 있다.

형제도 죽여야 하는 권력의 비장함

첫째, 장희빈이 노론 세력에 의해 죽었다.

둘째, 경종에게 자식이 없었다.

장희빈은 남인 쪽이 내세운 왕비였고, 경종은 남인 세력이 추종한 왕이다. 그러나 당시 조정은 노론 세력이 장악한 상황. 경종이 왕위에 올랐을 때의 상황을 어렴풋이 짐작할 수 있을 것이다. 자신의 어머니를 죽인 사람들과 정치를 논해야 하는 왕은 대체 어떤 생각을 품고 있었을까? 이 대목에서 주목해야 할 것이 경종에게는 자식이 없었다는 것이다. 왕조 국가에서 세자란 미래 권력을 의미한다. 코너에 몰렸던 노론에게 한 줄기 희망이 생긴 것이다.

조정을 장악하고 있었던 노론은 경종을 압박하기에 이른다. 경종 1년(1721년) 재위 1년도 안 된 왕을 붙잡고 국본(國本)을 세워야 한다고 닦달하기 시작한다. 아들은커녕 딸도 없었던 경종에게 국본을 세우자는 건 바로 경종의 이복동생인 연잉군(延礽君 : 훗날의 영조)을 세제(世弟) 자리에 앉히자는 거였다. 당시 노론 세력과 손을 잡은 연잉군을 미래의 권력으로 앉혀 놓고 기회를 봐 경종을 제거한다면 노론은 그 생명과 권력을 영원히 유지할 수 있을 거라 생각한 것이다.

결국, 노론 세력들은 경종을 압박해 연잉군을 세제 책봉했고 이를 청나라에 보고하려 했다. 쇠뿔도 단김에 빼라 했던가? 청나라의 인정을 받아 연잉군을 공식적인 권력으로 만들고자 했다. 문제는 노론이

봐도 이 사안이 비상식적이었단 점이다. 왕이 된 지 이제 겨우 1년밖에 안 되었고, 후사가 없다지만 아직도 창창한 삼십대 초반의 왕이 아닌가? 이런 상황에서 동생을 세자 자리에 앉힌다는 건 누가 봐도 이상했다. 이때 노론은 청나라 조정을 구워삶아야 한다는 판단 하에 행뢰(行賂 : 뇌물을 쓰는 행위)라는 비상식적인 행위까지 준비했다. 당시 세제 책봉을 위한 주청사(奏請使) 파견비용은 7만 냥이었는데 이 중 2만 냥은 공식적인 뇌물 비용이었다.

이렇게 뇌물까지 싸 짊어지고 간 윤양래(尹陽來)는 청나라 대신들을 붙잡고 연잉군의 세제 책봉을 설득했지만 도통 말이 먹히지 않자 급기야 경종이 음위증(陰痿症 : 성불구)이라는 말까지 하게 된다. 공식적인 외교활동 자리에서 일국의 왕을 고자라고 말한 것이다. 이 정도면 막 나가자는 정도가 아니라 국격을 포기한 발언이라 할 수 있을 것이다. 결국 연잉군은 세제 책봉을 받았지만 청나라에 가서 한 발언 때문에 윤양래는 유배형을 받았다. 운이 좋았다 할 수 있다. 아니, 노론과 연잉군 입장에서는 공신 중의 공신이라 할 수 있을 것이다. 만약 경종이 죽고 연잉군이 왕이 된다면 윤양래는 정권창출의 일등공신이 되는 것이기 때문이다.

그리고 그 시기는 생각보다 일찍 왔다.

약방에서 입진(入診)하고 여러 의원들이 임금에게 어제 게장[蟹醬]을 진어하고 이어서 생감[生柿]을 진어한 것은 의가(醫家)에서 매우 꺼려하는 것이라 하여, 두시탕(豆豉湯) 및 곽향정기산(藿香正氣散)을 진어하도록 청하였다.

—《조선왕조실록》 경종 4년, 1724년 8월 21일의 기록 중 발췌

경종의 와병 중에 연잉군이 생감을 올린 것이다. 영조의 경종 독살설은 이렇게 시작되었다. 당시 의료상식으로는 게장과 생감은 상극인 음식인데 이를 함께 올린 것이다. 이 때문에 소론 세력은 영조가 경종을 독살했다는 믿음을 가지게 됐고, 훗날 '이인좌의 난'이 일어나게 된 것이다. 훗날 영조에게 끌려 나온 소론 인사가 "나는 갑진년 이후로는 게장을 먹지 않소!"라고 외친 것도 바로 이런 연유에서다.

이복형제라지만 서로 동복형제가 없었기에 친형제처럼 살가웠던 경종과 연잉군이었다. 하지만 권력 앞에서 이들은 각자의 길을 가야 했다. 권력의 비장함을 다시 한번 확인할 수 있는 이야기다.

조선 시대의 도박 대처법

"한존의(韓存義)라는 자가 아침에 옷을 입고 나갔다가 저녁에는 벗고 돌아오는데, 날마다 그러하기에 그의 부모가 근심하여서 뒤를 따라가 보았더니, 쌍불(雙不, 투전의 일종) 도박을 하는 것이었습니다. 본부(本府)에서 이를 듣고 그 무리들을 잡아다가 추국을 하였는데 거의 40여 인이나 됩니다. 율문에는 '다만 장물(贓物)이 드러난 것만 거론한다' 하였습니다. 그러나 신 등이 듣건대, 세종조에 이와 같은 사람은 모두 유방(流放, 유배)시켜 엄하게 금지하였다 하니, 조종조(祖宗朝)에 의거하여 엄히 징계하게 하소서."

— 《조선왕조실록》 성종 13년, 1482년 3월 25일의 기록 중 발췌

한존의라는 자가 아침에는 분명 옷을 입고 나갔는데 저녁에는 벗고 들어오니 부모가 근심하여 몰래 아들의 뒤를 따라갔더니 도박을 하고 있는 것이었다. 사헌부가 이를 확인하고 이들을 모두 잡아들였다는 내용이다.

당시 사헌부에서 세종 시절에는 도박하는 이들을 모두 유배 보냈다며, 도박하다 걸린 이들을 모두 유배 보내자고 건의했다. 성종은 당시 죄를 자백한 열네 명에게만 벌을 내렸다. 이 기록만 봐도 알 수 있겠지만, 조선 시대에도 도박은 불법이었음을 알 수 있다.

덕혜옹주

줄거리

역사의 격랑 속에서 비운의 삶을 살아야 했던 대한제국의 마지막 황녀 덕혜옹주의 일대기를 그린 작품이다.

특기사항

나라를 잃은 암울한 시대, 황실에서 태어났다는 이유만으로 일제와 친일파의 정치적 도구가 되어 어린 나이에 강제로 일본으로 떠나야 했던 덕혜옹주의 일대기를 통해 대한제국의 슬픈 역사를 되새겼다.

개봉일 : 2016년 8월 3일

감독 : 허진호

비운이란 단어만으로는
부족했던 삶。

〈8월의 크리스마스〉를 통해 한국 멜로의 대표주자로 떠오른 허진호 감독이 연출을 맡은 이 작품은 제작 전부터 세간의 화제를 몰고 왔었다. 충무로 최고의 여배우로 인정받는 손예진과 삼십대 남자배우 중 첫손가락에 꼽히는 박해일이 주연을 맡았다는 것부터가 주변의 기대를 모으기에 충분했고, 조선 황실의 비운의 옹주 덕혜란 실존 인물을 배경으로 만들어졌다는 이유가 더해지면서 나름의 성과를 얻었다. 하지만 실존했던 역사와 많은 부분 차이가 있다는 점에서 아쉬움이 남는 작품이다.

덕혜옹주(德惠翁主)는 대한제국의 황녀로서(마지막 공주는 아니다. 조선의 마지막 공주는 순조와 순원왕후純元王后 사이에서 태어난 덕온공주德溫公主다. 덕혜는 서녀기 때문에 마지막 옹주다) 고종의 마지막 희망이었다. 하지만 그녀의 인생 자체가 대한제국, 일제강점기, 해방과 뒤이은 혼란기의 삶이 그대로 투영된 우리 민족 근대사의 증인이라 할 수 있다.

그녀는 고종과 귀인 양춘기(梁春基) 사이에서 태어난 서녀(庶女)다. 적녀에게는 공주(公主)란 작호를 내리고, 서녀에게는 옹주(翁主)란 작호를 내리는 법도에 따라 덕혜는 옹주가 됐다. 참고로 그녀의 작호이자 이름인 '덕혜(德惠)'는 그의 오빠인 순종황제가 내려준 작호인데 대한민국으로 귀국하면서 호적을 만들 때 이 작호를 이름으로 사용해 이덕혜가 됐다.

대한제국 황실의 유일한 축복

덕혜옹주의 인생을 뒤돌아봤을 때 그나마 행복했던 시기는 유년기였을 것이다. 1912년 5월 23일 태어난 덕혜는 존재 자체만으로도 대한제국 황실의 희망이자 유일한 즐거움이었다. 국권 상실 직후의 암울한 분위기를 펴나 당시 고종의 나이를 생각해봐도 덕혜는 축복 그 자체였다. 나이 예순에 얻은 딸이 얼마나 소중했을까? 삶의 모든 낙을 잃었던 고종에게 덕혜는 유일한 희망이었다. 당시 고종이 덕혜를 얼마나 사랑했는가는 덕혜의 유모였던 변복동(卞福童) 여사의 에피소드로도 확인할 수 있다.

"천하의 주상 앞에서 누울 수 있는 것은 변 유모뿐이네."

이 말이 무슨 의미일까? 당시 고종이 덕혜를 보기 위해 방문할 때 궁 안의 다른 이들은 예법에 따라 모두 일어섰지만, 만약 유모가 덕혜에게 젖을 물리고 있으면 일어서지 못하게 했다는 것이다. 고종의 덕혜에 대한 사랑을 확인할 수 있는 일례다.

그러나 고종의 이런 무한 사랑에도 덕혜의 삶은 순탄치 않았다. 일본의 견제 때문에 덕혜는 황적에 이름도 올리지 못했다(대한제국 황실의 대를 끊기 위해). 그러던 어느 날 조선 총독이었던 데라우치 마사타케(寺內 正毅)를 불러 덕혜를 소개한다.

"이 아이가 내 딸이다."

이런 우여곡절 끝에 덕혜를 황적에 올릴 수 있었지만, 덕혜옹주의 고난은 이때부터 시작이었다. 당시 대한제국의 황족 대부분은 일본으로 끌려가 인질이 됐다. 이런 상황을 우려한 고종은 덕혜를 하루빨리 결혼시키려 했다. 이때 눈에 들어온 게 황실 시종 김황진이었다. 고종은 김황진에게 아들이 있으면 내놓으라고 말했으나, 유감스럽게도 김황진에게는 아들이 없었다. 믿을 만한 사람이 없었던 고종은 그러면 조카라도 내놓으라고 윽박질러 김황진의 조카인 김장한(金章漢)을 데려와 덕혜와 약혼시킨다. 이때가 덕혜의 나이 여덟 살 때 일이다.

그러나 이 약혼은 얼마 가지 못했다. 1919년 고종이 사망하자 일본은 야욕을 드러냈다. 덕혜와 김장한의 약혼을 깨더니 1925년 기어이 덕혜를 일본으로 끌고 갔다. 표면상으로는 유학이었다. 가쿠슈인

(学習院)은 일본의 황족과 화족(華族 : 근현대 일본의 귀족)들의 자식들이 다니는 학교였다. 그러나 덕혜로서는 적응하는 게 쉬울 리 없었다. 열네 살이라는 어린 나이에 명목상 유학이지만 실질적으로는 인질, 그것도 자신의 조국을 병탄한 일본으로 끌려가 생활한다는 게 쉽다면 그게 더 이상했을 것이다.

가장 고귀한 신분으로 태어나 가장 외롭게 생을 마감한 황녀

당시 대한제국 황실의 신분은 일본 황실 아래, 일본 화족 위였다. 그러나 일본에서 덕혜옹주가 제대로 대접받았을 리 만무했다. 덕혜는 이때부터 서서히 무너지기 시작했다. 아니 그 이전부터 그런 조짐을 보였다. 아버지 고종이 독살당했다고 믿었던(당시 고종 독살설은 민간에서는 상식처럼 떠돌았다) 덕혜는 늘 보온병을 들고 다녔는데 독살에 대한 공포 때문이었다.

신경쇠약으로 점점 무너지던 덕혜에게 결정타를 입힌 건 어머니의 사망이었다. 귀인 양씨의 죽음과 그 후 몇 가지 일들이 겹치면서 덕혜옹주는 완전히 무너지게 된다. 귀인 양씨가 유방암으로 사망했을 때 일본 정부는 딱 이틀만의 조의(弔意)를 허가했다. 그리곤 다시 일본으로 끌고 갔다. 뒤이어 그녀를 일본 화족과 결혼시켰다. 그때 만난 인물이 바로 대마도 번주 집안 출신의 소 다케유키(宗 武志)다.

어쩌면 그녀의 인생에서 다시 한번 찾아온 행운이었을지도 모른다. 우리는 막연하게 덕혜옹주의 일본인 남편에 대해 부정적인 생각을 가지고 있는데 그는 도쿄대학 영문과를 나왔을 정도의 수재였으며, 시인이며 화가로서의 재능도 있었다. 외모도 훤칠해 큰 키에 얼굴도 잘생겼다(유일한 단점이라면 눈이 사시라는 것). 그는 덕혜옹주에게 살갑게 대했다. 물론 둘의 결혼이 서로가 원해 한 건 아니었다. 일본 정부의 강압 때문에 어쩔 수 없이 한 결혼이었지만 그로서도 덕혜옹주의 지위가 썩 나쁘지 않은, 아니 일생일대의 기회였다. 그는 대한제국 황실의 부마(駙馬)로서 책무를 다했다. 대한제국 황실 행사에 아내와 부부동반으로 참석했고 아내를 위해 헌신했다. 이런 헌신의 결과였을까? 결혼 1년 후 덕혜옹주는 딸 마사에(正惠)를 낳는다. 그러나 그 행복도 오래가지 못했다.

덕혜옹주의 신경쇠약은 조현병으로 발전했고, 다케유키는 덕혜옹주를 집에 감금한 상태에서 치료하게 된다. 이 부분은 당시의 상식에 비추어본다면 이해 못 할 행동은 아니었다. 그 당시만 하더라도 정신병에 대한 주변의 시선은 따가웠다. 그러나 덕혜옹주의 병은 점점 더 악화됐고, 다케유키는 힘겹게 덕혜옹주를 간병하며 딸 마사에를 키웠다. 그러던 어느 날 태평양 전쟁이 끝나고 미군정의 화족 축소 계획에 따라 대마도주는 화족에서 제외된다. 귀족으로서의 특권을 상실하게 된 것이다. 그 결과 생계유지에 크나큰 곤란을 겪게 됐고, 덕혜옹주의 삶도 급변하게 된다.

1946년 더 이상 덕혜옹주를 감당할 수 없다고 판단한 다케유키는 그녀를 마츠자와(松澤) 도립 정신병원에 입원시킨다. 그리고 10년이 흐른 1955년 다케유키와 덕혜옹주는 이혼하게 된다. 이 대목에서 주목해봐야 할 것이 다케유키가 일방적으로 덕혜옹주를 버린 것이 아니란 것이다. 당시 다케유키는 영친왕과 영친왕의 아내인 이방자(李方子) 여사를 만나 합의이혼을 했다. 하지만 덕혜옹주의 비극은 여기서 끝나지 않았다. 남편과 이혼한 1년 뒤인 1956년 딸 마사에가 자살하기에 이른다. 이제 갓 신혼생활을 시작했던 마사에가 유서를 남기고 죽은 것이다.

그렇게 세월이 흘러 1962년 한때 자신과 결혼을 할 뻔했던 약혼자 김장한의 형 김을한(金乙漢)의 노력으로 덕혜옹주는 한국으로 돌아오게 된다. 그녀의 한국생활을 돌본 건 덕혜옹주의 올케 이방자 여사였다.

황제의 딸로 태어나 누구보다 많은 사랑을 받았으나 시대의 아픔으로 인해 역사의 격랑에 휩쓸리며 누구보다 많은 상처를 받아야 했던 덕혜옹주. 만약 평범한 삶을 살았다면 아니 김장한과의 약혼이 깨지지만 않았더라도 평온한 삶을 살았을지 모른다는 아쉬움이 진하게 배어 나오지 않을 수 없다.

황실의 재산

광복 이후 국내로 돌아온 왕실 식구들을 보면서 가장 궁금했던 것 중 하나가 그들의 재산이다. 몰락한 왕조라고 하지만 부자가 망해도 3대는 간다고 하지 않던가? 일제강점기 시절 황실 재산은 임야와 대지, 전답만 해도 1억5,519만 8,532평에 달했다.

이 재산들은 광복 후 공중분해되어 사라졌는데, 그 핵심이 되었던 것이 1954년 제3대 국회에서 제정한 '구황실 재산처리법'이다. 이 법에 의해 고궁과 왕릉을 포함한 황실의 모든 재산은 국유화됐다. 문제는 이렇게 국유화된 재산들이 국고로 환수된 게 아니라 이리저리 새나갔다는 것이다. 황실 재산의 재산목록 서류가 제대로 갖추어져 있지 않았고, 그나마 조사를 통해 확보한 서류마저 방화로 추정되는 화재로 인해 다 소실됐기 때문이다.

이렇게 황실 재산이 국유화되고 유실된 이유는 뭘까? 여러 가지 이유가 있겠지만, 대표적인 이유 하나를 꼽으라 하면 이승만 대통령의 라이벌 의식 때문이라 할 수 있다. 당시 이승만 대통령은 영친왕을 정치적 라이벌로 생각했다. 만약 영친왕이 정치에 뜻이 있다면 이승만 정부에겐 큰 위협이 될 것이라는 판단을 내렸고, 황실의 힘을 빼기 위해 돈줄을 차단했던 것이다.

화정

불멸의 이순신

관상

상의원

영원한 제국

고산자, 대동여지도

4부
생활문화사

역사를
드라마로 배운
당신에게

화정

줄거리

고귀한 신분인 공주로 태어났으나 권력 투쟁 속에서 죽은 사람으로 위
장한 채 살아가야 했던 정명공주의 삶을 그렸다.

특기사항

임진왜란으로부터 시작해 정묘 · 병자호란으로 이어지는 조선 중기의
굴곡진 역사를 헤쳐나간 선조와 광해군, 인조, 그리고 그들 곁에서 이
모든 걸 함께 겪어야만 했던 정명공주의 비극적인 삶을 조명했다.

방영일 : 2015년 4월 13일~2015년 9월 29일
방송사 : KBS

광해군이 궁궐에
집착한 이유。

드라마 〈화정〉을 보면 광해군이 파주 교하로 천도(遷都)하겠다는 의지를 밝히는 부분이 나온다. 드라마상에서는 여진족(후금)의 침공을 방비하기 위해서라고 말하지만, 역사상으로는 파주 교하 천도 주장은 이것과는 거리가 있다. 아울러 1화에서부터 창덕궁 영건(營建)에 집착하는 모습도 보인다. 두 가지 사안을 따로 떼어놓고 본다면 별개의 문제 같지만 이 두 개의 사안은 하나의 이유 때문이었다. 하나씩 살펴보자.

우선 궁궐 영건에 관한 문제다. 잘 알려지지 않은 사실인데 광해군은 조선왕조를 거쳐 간 27명의 왕 중 궁궐을 가장 많이 지은 왕이다. 광해군이 직접 공사를 지시한 궁만 하더라도 창덕궁과 창경궁을 중건하였고, 인경궁, 경덕궁, 자수궁을 창건하였다. 왜 이렇게 많은 궁을 지었던 것일까? 일단 여기에 대해서는 한 번의 이해와 한 번의 변명이 필요하다.

우선 임진왜란으로 인해 한양에 있는 궁궐들이 모두 불타버렸다는 사실부터 이야기해야겠다. 선조는 1593년 정릉동행궁(貞陵洞行宮 : 경운궁)에 들어간 뒤부터 죽을 때까지 이 비좁은 행궁을 벗어나지 못했다. 물론 그사이 궁궐 중건을 시도했지만 임진왜란 직후 어수선한 상황에 정치적 긴장감까지 겹쳐 제대로 시행조차 하지 못했다. 그 뒤를 이어받은 것이 광해군이다.

국가의 체면과 왕실의 권위, 그리고 실질적인 필요성을 생각하더라도 궁궐 창건은 필요했던 일이다. 당시 기록을 살펴봐도 광해군 집권 초기 궁궐 창건에 대해 신하들의 반대는 거의 없었다. 그런 의미로 창덕궁과 창경군의 중건은 타당한 일이었다 할 수 있었다. 물론 임진왜란 직후의 피폐한 민생현황을 들어 반대할 수도 있었겠지만, 일국의 왕이 비좁은 행궁에서 계속 생활할 수는 없는 일이었다. 또한, 창덕궁과 창경궁의 중건은 당시로써는 합리적인 선택이었다는 점도 염두에 두어야 할 것이다.

음양설을 신봉한 광해군

선조가 아직 왕위에 있었던 시절 중건을 하려 했던 궁은 경복궁이었다. 조선왕조 최대의 위기를 겪어야 했고 한때 나라를 멸망의 구렁

텅이로까지 몰고 간 선조로서는 왕조의 자존심이자 조선왕조의 법궁(法宮)으로 인정받았던 경복궁을 중건하길 원했다. 그로서는 너무도 당연한 일이었다. 그러나 경복궁은 그 위상에 걸맞게 중건 비용 역시 만만치 않았다. 결국, 선조는 경복궁 중건을 포기하고 창덕궁 중건을 선택해야 했다. 그러나 선조는 창덕궁 중건도 보지 못한 채 세상을 떠나야 했다.

창덕궁 중건을 선조가 했다고는 하지만 당시에는 그저 결정만 난 상태에서 공사는 거의 중단된 상태였다. 실질적으로 창덕궁을 중건한 것은 광해군이었다. 창덕궁 중건이야 이해할 수 있지만 창경궁까지 중건한 건 낭비 아닌가? 이런 질문이 있을 듯한데 어차피 같이 붙어 있는 궁궐이고(창경궁 뒤에는 창덕궁으로 넘어가는 길이 후원을 통해 나 있었다), 애초부터 창경궁의 창건 목적 또한 임금의 통치 업무를 위한 것이 아니라 왕실 가족들의 생활을 위해서 만들어진 궁이었다. 이런 목적은 중건 이후에도 그대로 이어져 창경궁에서는 주로 왕자들이 살았다. 이러니 창덕궁 중건 이후 창경궁 중건은 당연한 수순이라 할 수 있었다. 문제는 그다음에 만들어진 인경궁, 경덕궁, 자수궁의 창건이다. 무엇 때문에 이렇게 많은 궁궐을 지은 것일까?

광해군 9년 6월의 기록을 살펴보자.

> 술인(術人) 김일룡(金馹龍)이 또 이궁(離宮)을 새문동에다 건립하기를 청하였는데 바로 정원군(定遠君)의 옛집이다.
>
> —《조선왕조실록》광해 9년, 1617년 6월 11일의 기록 중 발췌

술사가 정원군의 집에 왕기(王氣)가 있다고 하자 광해군이 정원군의 집을 빼앗아 궁궐을 짓게 했다(정원군의 아들이 인조반정에 성공한 걸 보면 영 틀린 말은 아닌 듯하다). 역모에 대해 과민반응을 보이는 것이 왕들의 특성이라지만 이 정도면 상식을 넘어서는 행동이 아닌가? 더구나 광해군이 누군가? 명청 교체기 그 험난했던 시절에 균형 잡힌 현실감각과 외교적 노력으로 조선을 전란으로부터 한발 비껴가게 만든 왕이 아닌가! 이런 왕이 한낱 술사의 말에 미혹됐다니. 그러나 이 정도는 약과에 불과했다.

> 술관 이의신(李懿信)이 상소하여, 도성의 왕기(旺氣)가 이미 쇠하였
> 으므로 도성을 교하현(交河縣)에 세워 순행(巡幸)을 대비해야 한다고
> 말하니, 왕이 예조에 내려 의논토록 하였다.
>
> ─《조선왕조실록》광해 4년, 1612년 11월 15일의 기록 중 발췌

앞에서는 겨우 궁궐이었다. 굳이 이해하려면 아슬아슬하게 이해의 범주에 들어가는 일이다. 하지만 이번에는 수도 이전이다. 광해군은 술사들의 말만 듣고 나라의 수도까지 바꾸려 했던 것이다. 드라마 〈화정〉에 나오는 궁궐 창건과 파주 교하로의 수도 이전 이면에는 바로 이런 비밀이 있었다. 여기서 궁금한 것이 어째서 광해군은 이런 음양설을 신봉했냐는 것이다. 이유는 드라마에도 잘 나와 있다. 동생 영창대군(永昌大君)이 그 이유였다. 선조의 홀대와 무시, 유영경(柳永慶)을 비롯한 소북파들의 압박 등등 왕위에 오르는 그 순간까지 한시도

마음을 놓을 수 없는 상황이었다(선조가 일찍 죽지 않았다면 목숨도 보장받기 힘들었을 것이다).

어렵게 왕위에 오른 이후에도 중립외교를 취하는 통에 사대부들로부터 신망을 잃었고, 반란에 대한 두려움으로 끊임없이 옥사를 일으켜야 했다. 결국, 그의 옆에 남은 건 이이첨(李爾瞻)이 이끄는 대북파밖에 없었다. 어느새 광해군은 소수정권으로 몰락했다. 이런 인생 이력 때문에 광해군은 늘 불안에 떨어야 했고 역모에 대한 부담감 속에서 지내야 했다.

왕이라는 입장에서 벗어나 인간 광해군에게는 동의할 수 없지만 이해할 수 있는 부분은 많다. 열여덟의 나이에 얼떨결에 세자 자리에 올랐고, 세자 자리에 오르자마자 도망간 아버지 대신 팔도를 떠돌며 임진왜란을 진두지휘하며 싸워야 했다. 그 와중에 인기가 오르자 이를 질투한 아버지가 전쟁 내내 괴롭혔고, 전쟁이 끝나자 아버지인 선조는 적통 아들을 보겠다며 인목대비(仁穆大妃)를 계비로 들였다. 이때 광해군은 자신보다 아홉 살이나 어린 인목대비에게 어머니라 부르며 고개를 숙여야 했다. 이후 영창대군이 태어났고 선조의 박해는 점점 더 심해졌다. 오죽하면 피를 토하며 괴로워했을까? 16년이라는 세자 기간 동안 하루라도 편할 날이 없었을 것이다. 왕위에 오른 후에도 15년 동안 세자 시절 때와 비슷한 압박을 느꼈다. 그는 무엇에라도 기댈 수밖에 없었던 상황이었다. 그것이 술사가 행하는 미혹된 말일지라도 말이다.

문 닫아라! 여편네 바람난다!

이 대목에서 광해군에 대한 변명을 하나 해야겠다. 조선 시대에는 음양오행설이나 풍수지리가 궁궐을 비롯해 건물을 짓는데 기본적인 고려사항이었다. 예를 들면 서울의 사대문도 풍수지리를 기반으로 만들어진 문이다. 우리가 알고 있는 동대문의 원래 이름은 흥인지문(興仁之門)이다. 그러나 《조선왕조실록》을 보면 최초 동대문의 이름은 흥인문(興仁門)이었다. 그러던 것이 갈지(之)자가 붙어 흥인지문이 된 것은 순전히 풍수지리 때문이었다. 당시 한양을 안쪽에서 둘러싼 네 개의 산을 내사산(內四山)이라 했는데 동쪽의 타락산, 서쪽의 인왕산, 남쪽의 목멱산, 북쪽의 북악산이 바로 그것이다. 문제는 동쪽에 위치한 타락산이 산의 지세가 약해 산의 기운을 돋우기 위해서는 용을 닮은 글자인 之를 이름에 넣어 네 글자로 된 이름을 지어야 했던 것이다.

북대문인 숙정문(肅靖門)은 풍수 때문에 성문이 닫힌 불행한 문이었다. 숙정문은 태조 4년인 1395년 처음 건립되었으나 태종 13년(1413년)에 최양선(崔揚善)이 백악산의 동령과 서령은 경복궁의 양팔에 해당하므로 여기에 문을 내면 안 된다는 주장을 했고, 이 주장이 받아들여져 창의문과 함께 폐쇄되면서 그 앞에 소나무를 심어 사람들의 통행을 원천적으로 금지시켰다(혜화문惠化門이 있었기에 성 밖 출입에는 불편함이 없었다). 재미난 사실은 당시 숙정문을 열어놓으면 도성 안의 여자들이 바람난다는 속설이 돌았다는 것이다. 북쪽은 여자의 방위고, 음의 기운이 충만하기 때문이라는 것. 그래서 숙정문을 열어놓으면

도성 여자들이 음란해진다는 것이다. 대신 가뭄이 들 경우에는 숭례
문(崇禮門)을 닫고 숙정문을 열어 음의 기운을 보충하고 기우제를 지
냈다고 한다.

이러한 예를 보면 알겠지만 조선 시대 풍수지리는 일상생활에까
지 깊숙하게 녹아 있었다. 광해군의 궁궐 창건과 교하 천도가 과한 부
분이 있긴 하지만 당시의 상식으로 비춰본다면 일정 부분 이해할만
한 구석도 있다 하겠다.

석봉 한호(韓濩)와 정명공주의 '화정(華政)'

어머니와의 떡 썰기 일화로 유명한 석봉 한호(韓濩)가 계속해서 글을 쓸 수 있었던 건 선조의 비호 덕분이다. 일찍부터 한호의 재주를 알아챈 선조는 그를 아꼈고, 임진왜란 당시 명나라 장수들을 접대할 때 유용하게 활용했다.

당시 명나라 장수와 관리들은 한호의 글씨를 받아가고 싶어 했고, 그럴 때마다 한호가 글을 써줬다. 당대 최고의 명필이었던 한호는 대명 외교문서를 전담으로 받아썼던 인물이었는데 이는 탁월한 인선이었다. 한호는 초서나 예서보다는 실용서체인 해서나 행서에 능통했기에 외교문서 작성에 적합했던 인물이다.

한호의 글재주를 알아본 선조 역시 서예가로서의 풍모를 지니고 있었다. 오늘날 국립중앙박물관에 전시된 '적선(積善)'이란 두 글자는 굵고 힘이 넘치는 당당한 필획이 인상 깊은 해서체 글씨다.

이런 선조의 영향을 받아서인지 딸인 정명공주도 '화정(華政)'이란 글자를 남긴 바 있다. 조선 최고의 여류 명필가였던 정명공주는 남자가 쓰기에도 힘에 부친다는 한석봉의 필법을 수련하여 서궁에 유폐되어 있는 동안 '화정'을 비롯한 많은 서예 작품을 썼다.

화려한 정치, 빛나는 다스림이란 의미의 '華政'은 글자 하나가 사방 73cm나 되는 대작이다. 연약한 여성의 체력으로 이런 글씨를 쓴다는 것은 결코 쉬운 일이 아니었다. 그녀의 작품은 미술사가로부터도 타고난 명필이 아니고서는 불가능한 일이라는 평을 받았다. 하지만 당시엔 유교적인 문화 때문에 정명공주는 글씨를 잘 쓰고 문장에도 능했지만 세상에 알려지기를 꺼려했다고 한다.

'華政'은 정명공주가 죽은 후 막내아들 홍만회(洪萬恢)가 물려받았다. 홍만회는 혹시라도 정명공주의 정신이 깃든 '華政'이 사라질까 두려워 여러 벌 탁본을 떠서 친인척과 주변 지인들에게 나눠 주었다고 한다. 조선 후기의 문신인 남구만(南九萬)은 시문집《약천집(藥泉集)》에 "필적의 기상이 웅건할 뿐만 아니라 온화하면서도 두터워 규중에서 나온 것이라고는 믿기지 않는다"고 정명공주의 필적에 관하여 논평했다. 현재 '華政'은 간송미술관에서 보관하고 있다.

불멸의 이순신

줄거리

임진왜란 당시 바다에서 일본군의 침공을 막아낸 이순신 장군의 일대
기를 그렸다.

특기사항

이순신 장군에 대한 역사적 인식은 물론 그동안 이순신이라는 인물에
덧씌워진 화장을 지워낸 작품이다. 그가 왜 영웅을 넘어 '성웅 이순신'
으로 불리는가에 대한 충분한 답을 제시한 작품이라 할 수 있다.

방영일 : 2004년 9월 4일~2005년 8월 28일
방송사 : KBS

임진왜란은
도자기 전쟁이었다.

컵(cup)에 관한 이야기를 하기 전에 우리가 생각해야 할 게 하나 있다. 컵은 그 안에 담길 것이 어떤 것이냐에 따라 재질과 형태가 달라진다는 것이다. 단순하게 물을 떠 마실 거라면 그 모양과 재질에 큰 차이가 나지 않겠지만, 만약 그 안에 물이 아닌 다른 어떤 것, 예를 들면 맥주나 와인, 차, 혹은 커피를 마실 경우 그 모양은 달라질 수밖에 없다. 우리가 주목해야 할 것이 바로 이 '어떤 것'이다.

흔히 우리가 마시는 와인을 생각해보자. 서양에서는 과실주인 와인을 주로 마셨지만 동양에서는 과실주보다는 곡식으로 만든 곡주(증류주)를 더 많이 마셨다. 이 때문에 술에 대한 사회적 관점은 물론 컵의 형태 또한 매우 달랐다. 대표적인 게 금주령이다. 서양에서는 주로 과실주를 마셨기 때문에 흉년이 들어도 술에 대한 제재가 덜했다. 식량으로서의 먹거리와 마실 거리가 구분됐기 때문이다. 그러나 동양, 특히 한반도의 경우는 주식으로 먹는 것과 마시는 것이 같은 재료인 곡물에서 나왔기 때문에 흉년이 들면 술을 담그는 걸 제한했다.

최첨단 과학기술의 결정체

고려를 침략했던 몽고가 전래해준 소주는 와인이나 맥주보다 도수가 훨씬 세다. 맥주나 와인은 물 대신 마실 수 있을 정도로 소주보다 도수가 상대적으로 약하다. 유럽인들이 향신료를 찾아 바다로 떠났던 대항해 시대 선원들이 물이 떨어지면 마셨던 음료가 맥주였던 걸 보면 이해할 수 있을 것이다. 이렇게 도수가 차이가 나면 컵의 형태도 달라질 수밖에 없다. 유럽의 경우 1천cc 이상의 나무잔에 손잡이를 달아 맥주를 마실 수 있는 형태로 컵의 모양이 발전했던 것에 비해 동양의 경우에는 상대적으로 소박했다. 작은 잔에 따라 마시는 형태의 컵이 나온 것은 컵 안에 들어가는 내용물로 인해 결정되었다.

이렇게 컵 안에 들어가는 내용물의 차이는 음식문화의 차이로도 이어진다. 동양, 특히 한반도에서 와인으로 대표되는 과실주가 외면받았던 이유 중 하나는 바로 우리 조상들의 음식문화에 기인했다고 봐야 한다. 김치나 된장, 젓갈 같은 발효 음식과 어패류, 해조류와 같이 비린 향이 강한 음식을 주로 섭취했던 한국인들에게 과실주는 어울리지 않는 술이었다. 이러니 자연스럽게 곡주를 찾았고 과실주는 꺼렸다. 그 결과 컵의 형태도 손잡이가 달린 머그잔 같은 형태가 아닌 잔의 형태로 고착화되었다.

이 대목에서 우리가 주목해봐야 할 게 컵의 형태보다 더 중요한 재질에 관해서다. 형태는 흉내 낼 수 있지만 그 재질은 함부로 흉내 낼 수 없기 때문이다. 기술력이 떨어지던 시기에 나무나 흙으로 만든 목기나 토기를 사용하던 인류에게 전혀 새로운 재질의 그릇이 등장하는데, 인류 문화사의 흐름 자체를 바꿔버린 그 이름은 도자기다.

도자기에 대해 말할 때 필그림 아트(Pilgrim Art)란 말을 사용한다. '순례자'란 말이 도자기와 어울릴까라는 의문이 들기도 하지만 도자기의 연원을 거슬러 올라가다 보면 이내 수긍할 수밖에 없게 된다. 도자기는 중국에서 유럽으로 건너간 최첨단 과학기술의 결정체기 때문이다.

도자기가 처음 유럽에 소개된 것은 베네치아의 무역상 마르코 폴로(Marco Polo) 덕분이다. 중국으로 여행을 떠났던 마르코 폴로는 당시 중국(원나라)에서 사용하던 도자기를 보고 충격을 받는다. 당시 유럽에서 사용하던 식기라고 해봤자 너도밤나무를 깎아서 만든 식기 아니면 은으로 만든 식기가 고작이었기 때문이다. 이런 와중에 흙을 구워 만든 그릇과 컵은 충격 그 자체였을 것이다. 흙으로 만들었음에도 물이 새지 않고, 잘 깨지지도 않았으며, 반들반들 윤기가 나는 건 물론, 그 안에 무늬까지 그려 넣었다는 사실에 유럽인들은 할 말을 잃었다. 지금도 마찬가지지만 도자기를 만드는 건 당대 최첨단 기술의 총집합이었다.

유럽은 중국산 도자기에 열광했고 이 도자기를 사기 위해 앞다투어 나섰다. 문제는 이렇게 도자기를 사 오다 보니 무역 불균형이 생겼고 많은 유럽 국가에서 서로 도자기를 생산하려 했다. 그러나 유럽에는 도자기 기술도, 도자기를 만들 흙도 없었다. 게다가 중국 조정에서는 유럽이 자신들의 도자기 기술을 훔쳐갈지도 모른단 생각에 도공들을 특별 관리하기 시작했다. 그러나 만들기만 하면 돈방석에 앉을 수 있는 도자기를 유럽 국가들이 쉽게 포기할 리 없었다. 유럽은 도자기에 사용되는 흙을 훔쳐가면서까지 도자기를 만들려 애썼지만 쉽게 중국 도자기를 흉내 낼 수 없었다.

이 와중에 탄생한 것이 그 유명한 본차이나(Bone china)다. 영국 땅에는 카오리나이트(kaolinite), 우리말로 하자면 고령토가 없었기 때문에 불에 구워도 금이 가지 않는 도자기를 만들 수 없었다. 그런데 1748년 영국의 토마스 프라이(Thomas Frye)가 골회(인산칼륨)를 흙에 섞어 쓰는 방식으로 이를 극복했다. 본(Bone)은 바로 소뼈를 뜻하는 것으로 소의 정강이뼈를 태워 인산칼륨을 만들어 써 붙여진 이름이다. 유럽은 18세기가 돼서야 겨우 도자기 기술을 확보할 수 있었다. 당시 중국의 도자기 기술을 훔치기 위한 유럽의 노력은 오늘날 산업 스파이들의 그것을 뛰어넘을 정도였다.

다도는 삶의 예술

그렇다면 당시 조선은 어떠했을까? 16세기 당시 전 세계에서 자기를 구워낼 수 있는 나라는 딱 두 나라였는데 하나는 중국이었고, 나머지 하나는 조선이었다. 중국이 유럽의 산업스파이들과 싸웠다면 조선은 일본과 물리적인 전쟁을 치러야 했다. 임진왜란이 바로 그것이다.

일본에서는 임진왜란을 칭할 때 '도자기 전쟁'이라고 말하곤 한다. 전쟁이 일어난 이유야 여러 가지가 있겠지만 그 이유 중 하나가 도자기 때문이었다. 이는 당시 일본군의 편제를 봐도 확인할 수 있는데, 당시 일본군은 일반 전투부대 외에 포로부, 도서부, 공예부, 금속부, 보물부, 축부 등 6개의 특수부대를 조직해 조선 문물을 약탈해갔던 것이다. 포로부는 조선의 인력자원을 끌고 가는 게 목적이었고, 도서부는 서책을, 금속부와 보물부는 조선의 우수한 금속활자와 목판본을 비롯한 각종 보물을, 축부는 동물들을 약탈해갔다. 문제는 바로 공예부였다.

공예부는 조선의 도자기들을 수거하는 부대로써 가장 중요한 부대기도 했다. 이들은 조선인들이 개밥그릇으로 쓰던 이 빠진 막사발부터 아녀자들이 사용하는 요강까지 자기로 만들어진 물건이란 물건은 모두 회수해갔다. 이는 임진왜란에 참전했던 많은 일본 장수들에게도 공히 적용되는 이야기였다. 왜 이들은 이렇게 자기에 열광했던 걸까?

당시 일본은 목기로 식사를 했다. 일본 역시 자기를 만드는 기술

이 없었다. 당연히 조선 그릇이 탐날 수밖에 없었을 것이다. 여기에 기름을 끼얹은 것이 당시 일본에 불었던 다도(茶道) 열풍이다. 도요토미 히데요시의 차 스승이었던 센노리큐(千利休)가 완성시킨 와비차(わび茶) 문화가 그것이다.

"무사도가 죽음의 예술이라고 한다면 다도는 삶의 예술이다"라며 그만의 다도 정신을 설파했던 센노리큐. 이 센노리큐가 선택했던 자기가 바로 조선의 도자기였다. 흔히 우리가 생각하기에 다도라 하면 차를 마시는 것으로 끝날 것 같지만 와비차 문화는 그들만의 격식이 있다.

그 격식의 핵심에는 차회(茶會)의 주인이 사용하는 차나 도구의 미적 견식이 있다. 형식미라고 해야 할까? 일본 다도에는 의외로 많은 도구가 사용되는데 가케지쿠(かけじく : 장식용 족자), 꽃병, 주전자, 물병, 찻통, 찻수저, 차용 거품기 등등 수많은 공예품이 필요했고, 이 물품 하나하나가 차회를 연 주인의 수준을 보여줬던 것이다.

이런 형식미에서 절대로 빠져선 안 되는 것이 조선의 자기였다. 일본 다도의 스승이 선택한 자기가 아닌가! 조선의 자기가 일본에서 어떤 평가를 받았는지는 일본에서 국보나 중요문화재로 지정된 아오이도(靑井戶)의 탄생을 보면 이해가 빠를 것이다. 아오이도 다완(茶碗)은 조선 시대 중기에 경상남도 일대에서 만들어진 그릇이다. 조선에서 막사발, 제기용 그릇으로 구워낸 자기가 일본에서는 국보나 중요문화재 등으로 지정됐던 것이다.

이렇게 도자기에 열광했던 일본이기에 도자기를 직접 생산할 수 있기를 원했고, 그래서 임진왜란 당시 눈에 불을 켜고 도공들을 끌고 갔던 것이다. 당시 포로부에서는 약 10만여 명에 달하는 조선인 포로들을 끌고 갔는데 그중 대부분은 노예로 삼기 위함이었지만 도공들은 예외였다. 일례로 사쯔마의 다이묘였던 시마즈 요시히로(島津義弘)는 임진왜란 때 끌고 온 도공들에게 무사라는 지위를 내렸고 가마 이름에 사쯔마야키(隆摩燒)라는 국명까지 내리며 이들의 마음을 얻기 위해 노력했다. 당시 전쟁에 참여했던 많은 영주가 이런 식으로 도공들을 끌고 왔고 이들의 마음을 얻기 위해 온갖 노력을 다했다.

이는 너무나도 당연한 일이었는데 당시 자기를 구워낼 수 있는 나라는 전 세계에서 딱 두 나라, 중국과 조선뿐이었기 때문이다. 그런데 조선의 최고 기술자들을 데려왔다는 건 그 기술을 확보했다는 뜻이나 다름없었다. 만약 이들이 일본에서 도자기를 구워낸다면 일본내의 다완 수요를 충족할 수 있는 건 물론 도자기에 열광하는 유럽에 수출해 재정적 이득도 기대해볼 수 있는 노릇이었다. 실제로 임진왜란 때 일본으로 건너간 조선인 도공들은 일본에 정착해 도자기를 구워냈고, 이 도자기는 유럽으로 수출돼 유럽 왕실들을 매료시킨다.

안타까운 건 우리가 임진왜란 이전에 도공들에 대한 대우가 너무 박했다는 것이다. 도공이나 공예품 생산자들은 천민 대우를 했고, 자신의 작품에 이름 한 자 못 넣게 할 정도로 각박한 대우를 받았다. 그런 도공들이 일본에서는 최고의 귀빈 대접을 받고 자신이 구워낸 도자기를 예술작품으로 인정해주었으니 마음이 흔들리지 않을 사람들이 없었을 것이다.

조선 도공들은 자신의 혼을 담은 백자, 청자를 만들면서 일본의 도자기 수준을 높였다. 일본에 가면 지금도 도신으로 불리는 조선 도공의 후손이 운영하는 가마들이 아직도 맥을 이어가고 있는 모습을 볼 수 있다. 세계 최고의 도자기 기술이 있었음에도 홀대받아야 했던 조선 도공들에게는 인생 최고의 기회였을지 모르지만 이를 바라보는 마음은 그저 안타깝기만 하다.

일본의 도자기

임진왜란 이전에 일본은 좋은 도자기를 만들 수 있는 기술력이 없었다. 이때 일본이 수입할 수 있는 도자기는 중국산과 조선산밖에 없었다. 당시 중국산 도자기는 지나치게 화려해서 소박한 미를 추구하는 일본의 와비(侘び) 개념과는 맞지 않았다. 일본이 조선의 백자에 심취한 이유가 바로 여기에 있다.

임진왜란 당시 일본이 조선 도공들을 미친 듯이 찾았던 이유가 바로 여기에 있다. 그러나 조선 도공들을 확보했다고 해서 도자기를 생산할 수 있었던 건 아니다. 도자기의 재료인 고령토가 없으면 아무 쓸모가 없었다. 결국 일본은 중국에서 수입한 고령토를 조선 도공들에게 제공하며 도자기를 제작하게 한다. 이렇게 한동안 중국 고령토로 도자기를 만들던 조선 도공들은 일본 규슈에서 고령토를 발견하게 됐고, 이때부터 일본도 본격적으로 도자기 생산에 들어가게 된다.

생산원료와 생산기술을 모두 갖추게 된 일본은 도자기를 대량 생산하기 시작했으며 이 도자기를 네덜란드에 수출해 엄청난 수입을 얻게 된다. 임진왜란 자체만으로 보자면 일본으로써는 손해인 전쟁이었지만 도자기 기술자 영입과 이를 활용한 도자기 수출로 막대한 이익을 보았으니 오히려 남는 장사였던 셈이다.

관상

줄거리

얼굴을 보고 사람의 팔자를 꿰뚫어 보는 천재 관상가 김내경이 계유정난 전후로 단종과 세조 사이에서 역모 음모를 밝혀내는 이야기다.

특기사항

지금의 관점으로 보면 관상으로 사람의 길흉화복을 예측한다는 것이 우습게 보일 수 있겠지만, 조선 시대에는 점이나 관상, 풍수지리는 상식에 속했다. 지금의 우리에겐 미신으로 보일 수 있지만, 당시로선 관상이나 점은 일상이었음을 알 수 있다.

개봉일 : 2013년 9월 11일
감독 : 한재림

선비의 영원한 친구 붓.

영화 〈관상〉이 조선 최고의 붓과 관계있다는 사실을 아는 사람은 드물 것이다. 비밀은 바로 〈관상〉의 메인 포스터에 있다. 주인공 김내경으로 분한 송강호의 초상화는 조선 시대 초상화 중 가장 파격적이라 불리는 윤두서(尹斗緒)의 자화상을 오마주한 작품이다. 국보 240호로 지정된 윤두서의 자화상은 터럭 한 올까지 살린 세밀한 붓 터치, 보는 이를 압도하는 강렬한 눈빛으로 한국 회화사에서 손꼽힐만한 명작으로 평가받고 있다.

조선 시대 초상화는 기본적으로 몸 전체를 그리게 했다. 신체 일부를 떼어내 그림을 그리는 것은 금기였다. 그러나 윤두서의 자화상은 목 아래 몸체 없이 오로지 얼굴만 그렸다. 이유가 뭘까?

윤두서의 자화상에 적외선과 X선 촬영을 해 윤두서가 처음에는 몸을 그렸었다는 사실을 확인할 수 있었다. 그리고 1밀리미터도 채 되지 않는 자화상 속 수염과 옷의 선이 겹칠 걸 고려해 몸체를 지웠을 것이라 추리할 수 있었다.

이 대목에서 궁금한 것이 1밀리미터도 되지 않는 수염을 어떻게 그렸냐는 것이다. 이때 등장하는 것이 조선 최고의 붓이라 할 수 있는 '쥐 수염 붓'이다.

조선 최고의 붓

윤두서가 세밀한 자화상을 그릴 수 있었던 비결은 붓끝의 탄력으로는 그 어떤 붓과도 견줄 수 없는 쥐 수염 붓 덕분이었다. 미세필(微細筆) 중에서도 최고의 세필로 통하는 쥐 수염 붓은 제작 과정부터가 범상치 않다.

우선 쥐의 수염을 모아야 하는데 보통 붓 한 자루를 만들기 위해서는 100~200마리의 쥐를 잡아야 했다. 이렇게 모은 쥐 수염은 가공 과정을 거쳐야 하는데 쥐 수염에 재와 물을 뿌려 기름기가 빠지게 해 털이 부드러워지게 한다. 쥐 수염이 부드러워진 상태여야 붓을 만들 수 있기 때문이다. 이렇게 만든 붓은 끝이 뾰족한 첨(尖), 가지런한 제(齊), 털의 모듬이 원형을 이루는 원(圓), 한 획을 긋고 난 뒤에도 털이 다시 일어서는 건(健) 네 가지 덕목을 모두 갖춘 명품 붓이 된다(중국 최고의 서예가였던 왕희지王羲之도 쥐 수염 붓을 썼다는 말이 있다).

이렇게 말하면 조선의 붓이 세계적인 명품으로 인정받은 것 같지만, 안타깝게도 당대에는 조선의 붓은 그다지 인정받지 못했다. 물론 명나라의 《고반여사(考槃餘事)》에 보면 '조선의 낭미필(狼尾筆)이 좋다'는 기록이 남아있긴 하다. 여기서 말하는 낭미필은 황모필(黃毛筆, 혹은 황서필黃鼠筆로 불렸다)을 말하는데 바로 족제비 털로 만든 것이다(우리나라 붓 중 가장 유명했던 것은 바로 이 황모필이다).

경남 밀양과 전남 광주 지방이 붓의 명산지가 된 것 역시 바로 이런 연유에서다. 이 두 지방에서는 황모와 장액(獐腋 : 노루 앞다리와 몸뚱이 사이에 난 털)을 가지고 붓을 만들었다. 그러나 당시 사회지도층들은 중국에서 수입한 붓을 사용하는 걸 더 선호했다(당시 조선 시대 붓 생산은 공조에서 관장했기에 그 품질이 중국에 미치지 못했다).

중국은 당 · 송 시절 붓 제조업이 크게 번성했기에 그 이름이 지금까지 이어지고 있다. 송나라 시절 후저우의 붓이 유명해 호필(湖筆)이라 불렸는데 천년이 지난 지금까지도 그 위명을 떨치고 있다. 중국에서는 예로부터 붓을 잡고 글을 쓰는 이들이라면 호필휘묵(湖筆徽墨)이라 해서 절강성 호주의 붓과 휘주의 먹을 최고로 쳤다. 사대를 숭상하며 1년에 서너 번씩 중국을 오갔던 조선인들도 이 호필휘묵이란 말을 쉽게 지나치진 않았을 것이다.

서재의 네 가지 보물

염필륜지 균교임조(恬筆倫紙 鈞巧任釣)

《천자문》에 나오는 한 구절이다. 몽염(蒙恬)은 붓을 만들었고, 채륜(蔡倫)은 종이를 만들었으며, 마균(馬鈞)은 기술이 뛰어났고, 임공자(任公子)는 낚시를 잘했다고 해석할 수 있다. 진나라의 몽염은 토끼털로 처음 붓을 만들었고, 후한의 채륜은 처음으로 종이를 만들었으며, 마균은 수레를 만들었고, 임공자는 오십 마리의 소를 미끼로 해서 회계산에 앉아 낚싯대를 동해에 드리웠다는 고사에서 연유한 것이다.

우리가 눈여겨볼 건 염필륜지다. 붓과 종이로 세상을 배우고 공부했던 선비들이기에 한자를 처음 배우는 순간 붓과 종이를 만든 이들을 기리며 지금 자신들이 누리고 있는 혜택에 대한 감사의 마음을 가지라는 뜻에서 쓰인 것이다.

문자의 나라며 성리학의 나라였던 조선은 예로부터 붓과 글씨에 대해 철학적 사유와 수신(修身)의 도를 강조했다. 대표적인 말로 서여기인(書如其人)이란 말이 있는데 글씨는 쓴 사람의 인품, 교양, 학덕 등을 반영한다고 믿었다. 이보다 더 무서운 말이 있는데 바로 서권기문자향(書卷氣文字香)이란 말이다. "글로 자신을 닦는 사람이라면 그 사람의 몸에서 글의 기와 문자의 향기가 난다"라는 말인데 이는 다시 말해 선비라면 늘 문방사우(文房四友)를 곁에 둬야 한다는 일종의 압박이었던 것이다. 늘 문자의 향기가 나게 하려면 묵향과 함께해야 하지 않겠는가?

이 대목에서 주목해봐야 할 것이 문방사우(文房四友)란 말이다. 미술 시간에 한 번쯤은 들어봤음직한 이 말은 실은 중국의 문방사보(文房四寶)에서 유래했다. 즉 서재의 네 가지 보물이란 뜻이다. 아예 한 수더 떠 문방사후(文房四侯)란 말도 있는데 네 개의 보물에 벼슬을 내린 것이다.

풀이해보자면 종이를 호치후(好畤侯), 붓을 관성후(管城侯), 먹을 송자후(松滋侯), 벼루를 즉묵후(卽墨侯)라고 부르며 이들의 공을 기렸다. 사람이 벼슬살이를 통해 제후의 작위까지 오르려면 얼마만한 노력이 필요할까? 조선이나 중국이나 같은 한자 문화권이었기에 지필묵(紙筆墨)에 대한 애정 또한 이렇듯 비슷했다.

글을 쓰는 선비라면 붓에 대한 애정, 좋은 붓에 대한 열망이 있을 것 같지만 명필은 붓을 탓하지 않는다고 해야 할까? 군이 따지자면 붓보다 종이를 더 따졌다. 특히 화가의 경우 닥종이와 화선지의 차이를 매우 다르게 여겼다. 화선지가 먹을 빨아들이는 속도가 닥종이의 그것보다 훨씬 빠르므로 어지간한 화가가 아니라면 자신이 구상한 그림을 그릴 수 없었기 때문이다. 그렇다면 글을 쓰는 선비라면 어땠을까? 붓을 탓했을까?

추사 김정희가 생전에 자신의 글에 대해 다음과 같이 말한 적이 있다.

"비록 내 글씨는 보잘것없더라도, 나는 칠십 평생 벼루 열 개를 밑

창 냈고 붓 일천 자루를 몽당붓으로 만들었다."

— 김정희의《완당전집(阮堂全集)》중에서 발췌

추사 김정희의 벗인 우랑 권돈인(權敦仁)에게 보낸 편지 중에 나오는 문구다. 아무리 좋은 붓과 재능이 있더라도 노력 앞에서는 장사가 없다는 뜻이다. 예나 지금이나 사람이 생각하는 바는 똑같은가 보다.

문방사우(文房四友)

문방사우가 문화적으로 완성되고 체계화됐던 시기는 중국 송나라 때다. 문약(文弱)으로 유명했던 송나라는 그만큼 문(文)의 힘이 강했고 문에 대해서만큼은 탐미적으로 집착했다. 칼 대신 붓을 가지고 나라의 기틀을 다졌고 다스렸으니 당연한 이야기일 것이다.

이러다 보니 글씨를 쓸 때 사용하는 문방구의 종류도 다양했는데 송나라 시절에는 물을 담는 연적은 물론, 붓을 빼는 그릇인 필세, 도장 등등 40여 가지의 문구류를 갖추고 이를 애용했다고 한다. 문방사십우(文房四十友)라고 해야 할까?

문치(文治)를 기치로 내세웠던 송나라였고 이 문치가 문약으로 흘러 결국 오랑캐에게 밀려났지만, 문구류에 대한 사랑만큼은 인정해야 할 것 같다.

상의원

줄거리

조선 시대 왕실의 의복과 재화를 관리하는 상의원을 중심으로 지금까지 숨겨져 왔던 조선 왕실의 복식사에 대해 이야기한다.

특기사항

기록에 따르면 상의원은 총 597명이 일했을 정도로 규모가 큰 기관이었다고 한다. 또한, 조선의 옷감은 명나라에 진상품으로 보낼 정도로 뛰어난 품질을 자랑했다. 조선 시대 왕실 의복을 만들던 공간에서 펼쳐지는 아름다움을 향한 대결이 이채롭다.

개봉일 : 2014년 12월 24일
감독 : 이원석

우리는 정말
백의민족이었을까?

〈상의원〉은 영화 〈아마데우스〉의 얼개를 그대로 차용한 듯 보이지만 화려한 궁중 의복의 매력이 보는 이들의 눈길을 사로잡는다. 여기서 궁금증이 하나 생긴다. 우리 민족을 대표하는 말 중 하나가 바로 '백의민족'이라는 말일 것이다. 우리 민족은 흰색을 숭상했기에 일상생활에서 흰색 옷을 즐겨 입었다는 것이다. 또한, 일제강점기 시절의 식민사관으로 '염색기술이 부족해 흰색 옷을 입을 수밖에 없었다'고도 알려져 있는데 이는 잘못된 주장이다(일제강점기 시절 일본은 강압적으로 한민족의 백의 착용을 금지시켰다. 당시 백의 착용은 저항의 의미로 해석됐기 때문이다).

중국의 경우 하다못해 먹물을 들여서라도 검은 옷을 만들어 입었다. 그만큼 일상생활에서 흰옷을 입는다는 건 상당한 각오와 노력이 필요하기 때문이다. 주부라면 이해하기가 쉬울 것이다. 식사하다가 김칫국물이라도 튄다면 어떻게 하난 말이다.

> "한국 빨래의 흰옷은 항상 나로 하여금 현성축일(顯聖祝日 : the Transfiguration)에 나타난 예수님의 옷에 대해 성(聖) 마가가 언급한 '세상의 어떤 빨래라도 그것을 그토록 희게 할 수 없다'는 말을 기억하게 했다."
>
> — 이사벨라 비숍의 《한국과 그 이웃 나라들》에서 발췌

1894년에서 1897년 봄 사이에 무려 네 차례나 조선을 방문했던 이사벨라 비숍은 한국 하면 '흰색'을 떠올렸다고 한다(멀리서 흰색만 보여도 친근함을 느꼈다고 한다). 이 기록만 보면 한국은 흰색을 좋아하고 흰색만 입은 것처럼 보인다. 과연 정말로 그랬을까?

백의민족과 청의민족

한민족이 백의민족이라 불렸던 시초는 아득한 옛날, 삼국 시대 이전 부여 때로 거슬러 올라간다. 《삼국지》 중 〈위지(魏志)〉 〈동이전(東夷傳)〉의 부여조를 보면 "의복은 흰색을 숭상하며, 흰 베로 만든 큰 소매 달린 도포와 바지를 입고 가죽신을 신는다"라고 나와 있다. 이는 고구려와 신라를 거쳐 조선에까지 이른다. 그러나 왜 흰색을 숭상했

는지에 대한 구체적인 이유는 나와 있지 않다. 이렇게 보면 우리 민족은 흰색만 입은 것 같은데 절대 그렇지 않다. 흰색뿐만 아니라 다양한 색상의 옷을 즐겨 입었고, 다양한 색깔을 내기 위해 많은 돈을 지출했으며, 중국에 가서 기술을 수입해오기도 했다.

> "지금 위로는 경대부(卿大夫)로부터 아래로는 천례(賤隸)에 이르기까지 자색(紫色)을 입기를 좋아하니, 이로 인하여 자색(紫色)의 값이 한 필 염색하는 데 값이 또 한 필이나 듭니다. 옷의 안찝까지 모두 홍색의 염료(染料)를 쓰게 되니, 단목(丹木)과 홍화(紅花)의 값도 또한 헐하지 않게 됩니다. 다만 사치를 서로 숭상하여 등차(等次)의 분변이 없을 뿐만 아니라, 물가(物價)가 뛰어오르게 되니 또한 염려가 됩니다."
>
> —《조선왕조실록》 세종 9년, 1427년 2월 19일의 기록 중 발췌

당시 백성들이 다양한 색깔의 옷을 찾자 이를 금지시키자는 사헌부의 상소다. 이때 세종은 자색의 옷을 입는 걸 금지시킨다. 그래도 이런 사치풍조는 좀처럼 사라지지 않았고, 성종 대가 되면 사치는 도를 넘어서게 된다. 연산군 대가 되면 조선 역사상 가장 화려한 색깔들의 옷이 등장하게 되는데 원래부터 예술가 기질이 다분했던 연산군이 탁월한 미적 감각을 발산했기 때문이다. 연산군은 조선 안에서 자신이 찾던 색을 구하지 못하자 중국에까지 사람을 보낸다.

"북경(北京)에 가는 사행(使行)에 능라장(綾羅匠)을 따라가게 하여, 대홍(大紅)·초록(草綠) 등 여러 가지 색깔의 저사(紵絲)의 염색도 익히고 직조도 익혀서 각각 4, 5척(尺)씩 가져오게 하라."

—《조선왕조실록》연산 8년, 1502년 1월 12일의 기록 중 발췌

탁월한 심미안을 가졌던 연산군은 자신의 마음에 드는 색을 얻기 위해 중국에 기술자를 파견해 위탁 교육까지 시켰던 것이다. 이 기록 말고도 연산군 대에는 영화 〈상의원〉에서처럼 왕이 직접 상의원에 전교해 염색에 대한 세세한 지침을 내린 기록들도 보인다. 조선의 역대 왕 중 패션에 가장 민감했던 왕이 바로 연산군이다.

이 기록들을 보면 조선 시대 사회 지도층들은 화려한 복색을 좋아했지만, 일반 백성들은 흰색 옷을 주로 입었을 거라 추측할지도 모르지만 조선은 백의민족이 아니라 청의민족이었다. 세종, 연산군, 인종, 현종은 청색 옷을 권장했고, 숙종은 아예 청색 옷 착용을 국명으로 선포하기까지 했다. 왜 하필 청색이었을까? 여러 가지 복합적인 이유가 있는데 크게 보자면 정치적인 이유와 실질적인 이유 두 가지로 나눌 수 있겠다.

첫째, 정치적인 이유

혹시 무당이 굿을 할 때 들고나오는 다섯 색깔 깃발을 본 적이 있는가? 바로 오방기다. 음양오행설에 근거를 둔 오방색을 보면 동쪽은 청색, 서쪽은 백색, 남쪽은 적색, 북쪽은 흑색, 중앙은 황색임을 알 수

있다. 다들 주지하다시피 조선은 제후국이었기에 황제의 색깔인 황색을 쓸 수 없었다. 황색은 우주의 중심을 상징하므로 가장 고귀한 색이다. 제후국인 조선은 감히 이 황색을 쓸 수 없었기 때문에 중국 사신이 올 경우에는 누런빛이나 그와 비슷한 색깔의 것들은 다 치워야 했다. 이 오방색을 기준으로 색을 정한다면 조선은 중국의 동쪽이다. 즉, 청색을 쓰는 것이 올바르다는 논리가 여기서 나오는 것이다.

둘째, 실질적인 이유

화학제품이 발달하기 전까지 인류가 염색을 위해 쓸 수 있는 염료는 식물성염료와 동물성염료밖에 없었다. 식물성염료는 말 그대로 식물의 잎이나 꽃, 열매, 줄기를 활용한 것이고, 동물성염료는 동물의 피나 즙을 활용한 것이다. 우리 조상들이 한반도 지형에서 가장 구하기 쉬운 염료는 바로 쪽이었다. 쪽물을 우려내 만든 쪽빛은 우리가 흔히 말하는 청색이다. 이 쪽으로 만든 청색은 우리에게 많은 이로움을 줬는데 우선 햇빛에 변색될 우려가 없었고, 방충효과가 있어서 옷에 좀이 슬거나 상하는 일이 없었다.

사극에서 흰색 다음으로 많이 보이는 청색 옷은 어쩌면 이런 고증을 거쳐서 나온 것인지도 모르겠다.

다듬잇방망이의 쓸쓸한 소리

21세기에 들어서기 직전, 미국에서 인류 역사를 바꾼 최고의 발명품을 선정한 적이 있다. 이때 당당히 1위를 한 발명품이 피임약이다. 여성이 출산을 선택할 수 있게 됨으로써 여성의 사회진출과 더불어 성(性)에 있어서 남성과 동등한 권리를 누릴 수 있게 됐다는 게 선정 이유다. 그렇다면 여성의 생활을 가장 획기적으로 바꿔놓은 발명품은 무엇일까? 모든 경제학자와 사회학자들이 이구동성으로 말한 제품이 바로 세탁기다. 세탁기가 등장하기 전까지 동서양 여성들의 가사노동 중 가장 힘들고 시간이 많이 소요됐던 것이 바로 세탁이었다. 특히 조선의 상황은 훨씬 더 심각했다.

'촌시집 가지 마라 물레 베고 잠을 잔다'란 말이 있다. 이게 무슨 의미일까? 조선 시대 농촌으로 시집간 여성들은 대부분, 아니 전부 다 베를 짜야 했다. 조선 시대는 임진왜란 때까지 화폐경제가 도입되지 않았다. 대신 상거래를 할 때 주로 사용되던 물건이 쌀이나 베였다. 나라에서는 정포(正布)로 베의 길이와 넓이, 올의 숫자까지 정해놓았을 정도였다. 그래서 농촌에서는 옷감 생산에 총력을 기울였다. 당시 조선은 마, 모시, 목화, 누에 농사에 여념이 없었는데 옷감이 곧 돈이었기에 옷감 생산에 혈안이 돼 달려들었다. 문제는 옷감을 생산하기 위한 농사는 남녀가 같이 지었지만, 이것으로 실을 만들고 베를 짜는 건 모두 여자의 몫이었다는 점이다. 여성들에게는 지옥 같은 노동의 반복이었다. 당시 이 베 짜기의 고달픔을 노래한 시가 있다.

밤늦게까지 베틀에 앉아 쉬지 않으니
베틀만 삐걱삐걱 차갑게 울어댄다.

틀에서 또 한 필 짜내건만 이번에는 누구의 옷이 되려나?

조선 시대 최고의 여류문인이라 불리는 허난설헌(許蘭雪軒)의 시다. 낮에는 남편과 같이 농사를 짓고 밤에는 식구들이 다 잠든 사이에 베를 짜야 했던 시골 아낙의 고통을 절절하게 표현했다. 그러나 당시 조선 여인들의 의생활에 관한 고통은 이뿐만이 아니었다. 그들은 빨래라는 지옥과도 평생 마주해야 했다.

지금이야 드라이클리닝 할 옷은 세탁소에 보내고 나머지는 세탁기에 넣어 돌리면 되지만 당시에는 손빨래로 모든 걸 해결해야 했다. 조선 시대 대표적인 고급의류라 할 수 있는 모시옷 같은 경우에는 그냥 빨면 옷이 상하기 때문에 옷을 일일이 뜯어서 해체하고 빨래한 후 잘 건조하고 빳빳하게 풀을 먹여 다듬이질해 광택을 낸 다음 다시 꿰매 입었다. 당시 빨래터에 빨래하러 나온 여인들은 점심을 싸가지고 와 밥을 먹어가며 빨래를 했는데 왜 그랬는지 이해할 수 있는 대목이다.

모시옷이 아니더라도 조선 시대 여인들에게 빨래는 말 그대로 전쟁이었다. 일상복을 빨기 위해서도 여인들은 가혹한 노동력 착취를 경험해야 했다. 오늘날과 같은 세제가 없었기 때문에 빨래를 하려면 잿물이 필요했던 것이다. 잿물은 빨래터 근처에서 짚이나 뽕나무를 태운 뒤 재를 걸러 만들었다.

당시 여성들의 세탁 노동에 대해 이사벨라 비숍은 "한국의 여인들은 빨래의 노예다. 서울의 깊은 밤 그 괴괴한 정적을 깨뜨리는 유일한 소리가 있다면 한밤 내 잠 못 자고 다닥다닥 빨랫감을 두드리고 있

는 다듬잇방망이의 그 쓸쓸한 소리다"라고 토로하기도 했다. 여기에
한 가지 더 덧붙여 말하자면 "남편들이 계속 흰 옷을 고집하는 한 빨
래는 한국 여인들의 고달픈 운명과도 같은 것이다." 이 역시 이사벨
라 비숍의 푸념이다. 우리가 그렇게 자랑스러워하는 백의민족의 실상
은 여성들의 고행과도 같은 노동착취를 기반으로 완성됐다. 그나마도
나라에서 청색을 권장했기에 살아남을 수 있었지, 만약 흰색 입기를
계속 고집했다면 우리 여성들은 빨래터에서 일생을 끝냈을지도 모를
일이다.

정포(正布)

조선 시대의 대표적인 옷감인 목면은 단순히 옷감으로써의 역할만 했던 게 아니다. 15세기 전반이 되면 목면이 널리 보급되면서 목면을 화폐로 활용하게 된다. 이는 개인적인 거래로서만 인정된 게 아니라 국가가 인정한 화폐였다.

조선 시대에는 군역을 대신해 군포를 세금으로 납부해야 했는데 1년에 정포 2필을 바치게 했다(영조 시절 균역법을 통해 1필로 줄어들게 된다). 이때 국가가 인정하는 정포라는 개념이 나오는데 이는 국가가 목면의 규격을 결정해 화폐로 활용했다는 것이다.

당시 정포 1필의 기준은 5승(升 : 1승은 80올), 폭은 7촌, 길이는 35척이다. 이걸 현대의 기준으로 환산하면 16미터가 넘는다. 미곡과의 가격은 시기에 따라 변동이 있으나 세종 19년(1437년)에는 정포 1필이 쌀 5~6두(斗), 콩 15두 안팎이었다. 화폐경제가 안착되기 전까지 조선의 화폐는 목면이었다.

영원한 제국

줄거리

노론이 득세하던 가운데 왕위에 오른 정조. 노론은 정조를 제거하기 위해, 정조는 노론을 제어하기 위해 서로를 노리는 일촉즉발의 상황을 그린 독특한 역사 미스터리다.

특기사항

정조의 죽음을 새롭게 조명함으로써 조선 왕실의 권력 암투를 흥미진진하게 그렸다.

개봉일 : 1995년 1월 28일

감독 : 박종원

가까이하기엔
너무 먼 그대.

개인적이 의견이지만 대한민국의 안경의 역사는 1995년 이전과 이후로 나뉜다. 영화 〈영원한 제국〉이 개봉된 해가 바로 1995년이기 때문이다. 정조로 분한 안성기가 안경을 쓰고 책을 읽는 걸 보면서 당시 관객들은 문화적 충격을 받았다. 조선 시대에도 안경을 썼단 말인가? 사실이다. 이 영화가 개봉하기 전까지는 구한말에 외세에 의해 안경이 전래됐다는 것이 일반적인 상식이었다. 하지만 조선 시대에도 안경을 썼다. 그것도 조선 후기인 정조 때보다 훨씬 앞선 조선 중기 때 말이다.

역사 속에서 사라진 조선 시대의 안경

400여 년 전 임진왜란 당시 초유사(招諭使)로 활약하다 숨을 거둔 김성일(金誠一)의 안경이 현존하고 있는 걸 보면 조선 사람들이 임진왜란 이전에 이미 안경을 착용했다는 걸 유추해볼 수 있을 것이다. 처음에는 중국을 통해 조금씩 전래되다 1600년 초 경주를 중심으로 독자적으로 안경을 제작했을 거라 짐작되는데, 문헌에 따르면 18세기 중반이 되면 30여 종의 안경이 있었던 것으로 추정된다.

당시에는 안경을 '애체'라 하였다. 중국어 표기에서 그대로 가져온 말이다. 이 애체란 말의 어원을 쫓아가면 네덜란드 상인 이름의 중국어 음역이라는 주장도 있지만 확실하진 않다. 또, 페르시아어의 애낙(Ainak)에서 유래한 것으로 추측되는 왜납(矮納)이라는 용어도 같이 사용됐지만, 조선 후기로 가면 눈 거울이란 뜻의 안경(眼鏡)이란 용어로 통일된다. 여기까지만 보면 중국을 통해 안경이 수입되고 그 안경을 국산화, 대중화했다는 걸 알 수 있다.

여기서 한 가지 의문이 드는 것이 400여 년 전부터 일상에 스며든 안경에 대해 우리는 아는 바가 전혀 없다는 것이다. 왜 우리는 우리 조상들이 사용했던 안경에 대해 무지한 걸까? 역사교육의 부재에서 원인을 찾을 수도 있겠지만, 안경이라는 실존하는 오브제가 존재했고, 그 자체가 일상생활에서 호흡되고 사용되는 생활방식의 일부였던 점을 생각한다면 교육의 부재란 얄팍한 핑계만으로는 너무 미약하다. 우리의 기억 속에서 소거(消去)된 조선 시대의 안경은 어디에 숨어있는 것일까?

안경의 대중화를 가로막았던 장애물

첫째, 안경이 너무 비쌌다.
둘째, 안경 착용에 사회적 제약이 있었다.

우선 가격에 대한 부분이다. 황주석(黃冑錫)의 《신제전서(臣齊全書)》에 따르면 경주부윤 민기(閔機)가 1630년경 경주에서 만들어진 남석안경을 착용했다고 한다. 그 시절에 이미 경주에서 안경을 제작하고 판매했다는 걸 확인할 수 있는 대목이다. 왜 하필 경주일까? 당시 경주는 중국에까지 알려질 정도로 유명한 수정 원산지였다. 고려 시대부터 경주 수정은 최고의 수출품이었다. 이 수정으로 만든 것이 바로 경주 남석안경이었던 것이다. 문제는 가격이었다.

구한말 조선에 들어온 미국인 선교사 제임스 게일(James Scarth Gale)이 쓴 《코리안 스케치》를 보면 남석안경은 당시 미국 돈으로 15달러는 주어야 살 수 있는 사치품이었다(1900년 미국에서 1니켈, 즉 5센트면 맥주 한 통이나 담배 한 갑, 장미 12송이를 살 수 있었다). 게일의 말을 빌리자면 그 정도의 고가물품임에도 불구하고 당시 양반들은 안경을 사지 못해 안달이었다고 기록하고 있다. 구한말 안경값이 떨어졌을 때도 안경 한 벌 값은 쌀 한 가마보다 3배쯤 비쌌고, 송아지 한 마리가 5원 할 때 안경 가격은 20원까지 했던 적이 있다.

워낙 고가이다 보니 조선 시대에 안경을 가졌다는 건 그 자체만으로도 부의 상징이 되었고, 안경 갑을 차고 다니는 것만으로도 위세를 부릴 수 있었다. 이렇게 고가로 형성된 가격 때문에 안경 보급이 더더뎌졌다는 말도 있지만, 이보다 더 큰 문제는 안경을 착용할 때 까다로운 예법이었다.

당시에는 자신보다 연장자나 지체가 높은 사람 앞에서 안경을 착용해선 안 됐고, 대중이 모여 있는 장소에서도 안경을 착용하면 안 된다는 예법이 있었다. 즉, 나이가 아주 많거나 신분이 아주 높지 않으면 원칙적으로 안경을 착용하는 게 힘들었다는 것이다. 공공장소에서 안경을 쓸 수 없고, 자신보다 신분이 높은 사람이 있는 곳에서 안경을 써서는 안 된다는 건 안경을 쓰지 말라는 말과 같은 것이다. 겨우 임금 정도는 돼야 마음 편히 안경을 쓸 수 있었다(그것도 의례가 있거나 공적인 장소에서는 착용을 피해야 했다). 이런 예법이 어느 정도로 철저했는지는 고종과 그의 아들 순종 이야기를 들어보면 확실해진다.

순종은 지독한 근시였는데 안경을 쓰지 않으면 눈앞의 사물을 제대로 분간하기 힘들 정도였다. 그럼에도 불구하고 고종 앞에 나아갈 때면 안경을 벗었다. 일국의 황태자라 해도 황제 앞에서는 안경을 벗어야 했던 것이다. 황태자가 이럴 정도인데 일반 대신들은 어떠했겠는가? 왕 앞에 나설 때는 아무리 나이가 많은 신하라도 안경을 벗는게 예의였다. 이런 상황이다 보니 아무리 돈이 많더라도 섣불리 안경을 사거나 안경을 착용하고 거리를 활보하는 게 쉽지 않았다.

그래서 안경을 소유하고 있지만 이를 착용한 모습을 남들에게 보이는 걸 매우 조심스러워했다. 조선 중기의 문신이었던 임방(任防)의 초상화를 보면 당시 안경에 대한 사대부들의 생각을 엿볼 수 있다. 안경을 슬그머니 서탁(書卓) 위에 올려놓은 모습만 보이지 착용한 모습은 보여주지 않기 때문이다. 안경을 소유하고 있다는 힌트만 줬지 이를 착용하지 않은 것이다. 그것이 바로 예의 있는 사대부의 모습이었다.

그러나 이런 까다로운 예법은 신분제 사회가 무너지고, 일본에서 대량 생산된 값싼 안경이 들어오면서 사라지게 된다. 조선 시대 안경의 대중화를 가로막았던 두 장애물이 사라지자 안경은 일상생활 속으로 녹아들게 됐고, 오늘날 패션 필수아이템이라는 지위를 확보하게 되었다. 만약 지금까지도 조선왕조의 예법이 유지되고 있다면 여름철 선글라스 대신에 어떤 걸 쓰고 다녔을까 문득 궁금해진다.

금등지사(金縢之詞)

사도세자, 영조, 정조에 관한 사극이나 소설 속 약방의 감초처럼 등
장하는 것이 금등지사다. 이는 억울함이나 비밀스러운 일을 후세에
밝혀 진실을 알려주는 문서를 뜻한다. 이는《서경(書經)》〈주서〉 금등
편에 나오는 말인데, 금(金)은 쇠라는 뜻, 등(縢)은 끈 또는 봉한다는
뜻으로 쇠줄로 봉한 궤짝을 뜻한다. 그에 관한 고사는 다음과 같다.

무왕이 은(殷)을 토평(討平)하고 이태 만에 편찮으니, 주공이 제단을 만
들고 그 조상인 태왕(太王) · 왕계(王季) · 문왕(文王)에게 고하여 자신이
무왕의 목숨을 대신하기를 빌고 돌아와 그 축책(祝册)을 금등의 궤 안에
담아 두었는데. 그 뒤 관숙(管叔) · 채숙(蔡叔) · 곽숙(霍叔)이 주공이 조카
성왕(成王)의 자리를 노리고 있다는 유언비어를 퍼뜨렸으므로, 동도(東
都) 낙읍(洛邑)에 2년 동안 있다가 유언비어를 퍼뜨린 자를 알아내어서
시(詩)를 지어 성왕에게 보내자, 왕이 대부(大夫)들과 함께 금등의 글을
내어 보고 주공의 마음을 알아 의심을 풀어 주공을 돌아오게 하였다.

영조는 당시 노론의 모함으로 사도세자를 뒤주에 가둬 죽게 하였는
데, 훗날 그 일을 후회하며 금등지사를 썼다는 주장이 있다. 정조는
금등지사를 입수해야만 죄인 신분으로 죽은 사도세자의 무죄를 입
증해 명예를 회복하고, 나아가 정조의 정치적 권위를 회복할 수 있
었다. 그러나 영조는 금등지사를 바로 공개하지 않고 후세에 남기
도록 했다. 따라서 이를 사도세자의 신위를 모신 사당인 수은묘(垂
恩廟) 내부에 보관하도록 했다. 정조가 금등지사를 입수하게 된 경

위를 설명하는 대목에 관한 기록이 있다.

"이 문제에 만일 범법한 사실이 있다면 전 영상이라고 하여 무엇을 아
낄 것이며, 혹시 이와 반대가 된다면 또 전 좌상이라고 하여 무엇을 아
낄 것인가. 전 영상의 상소 가운데 한 구절의 말은 곧 아무해[某年]의
큰 의리에 관한 핵심인데, 내가 양조(兩朝)의 미덕(美德)을 천양하고픈
마음이 있으면서도 감히 한 번도 이를 제기하지 못한 이유는 참으로
이 일이 아무해에 관계된 것이어서 감히 말하지도 못하고 또 차마 제
기하지도 못하고 있는 것이다. (중략) 전 영상이 도승지로 있을 때 선조
(先朝)께서 휘령전(徽寧殿)에 나와 사관(史官)을 물리친 다음 도승지만을
앞으로 나오도록 하여 어서(御書) 한 통을 주면서 신위(神位)의 아래에
있는 요[褥] 자리 속에 간수하도록 하였었다. 전 영상의 상소 가운데
즉 자 아래의 한 구절은 바로 금등(金縢) 가운데의 말인 것이다."

— 《조선왕조실록》 정조 17년, 1793년 8월 8일의 기록 중 발췌

여기서 '아무해'란 사도세자가 부왕인 영조에 의해 뒤주에 갇혀서
굶어 죽은 영조 38년(1762)을 말한다. 사도세자와 관련된 금등지사
의 핵심은 그의 죽음이 안타깝고 그에겐 죄가 없다는 것이다. 만약
이렇게 된다면 그를 죽음으로 몰고 간 노론이 잘못한 것이 된다. 이
내용은 소설가 이인화가 금등지사를 동경의 동양문고에서 발견하
여(《취성록聚星錄》을 보았다고 한다) 소설 《영원한 제국》에 쓰면서 일반
대중에 알려졌다.

고산자, 대동여지도

줄거리

조선 말 지도 제작에 미쳤던 고산자 김정호가 대동여지도를 만들어나 가는 과정을 그렸다.

특기사항

조선 최고이자 세계적인 수준의 대동여지도는 가장 위대한 지도로 역 사에 남았지만, 그 지도를 제작한 김정호의 삶은 역사에 기록되어 있 지 않다. 만인에게 지도를 나누고자 했던 선각자로의 김정호를 잘 표 현했다.

개봉일 : 2016년 9월 7일

감독 : 강우석

대동여지도
탄생의 비밀。

박범신의 동명 소설을 원작으로 한 〈고산자, 대동여지도〉는 한때 영화판의 블루칩이라 불렸던 강우석 감독의 첫 사극이며, 우리가 교과서로만 배워왔던 김정호란 인물을 영상으로 만날 수 있었다는 점에서 의의를 찾을 수 있겠다.

좀 과장되게 말한다면 이 영화의 김정호는 소설 속 인물이라 할 수 있다. 역사 속 인물이긴 하지만 김정호에 관련된 사료는 지극히 적다. 시쳇말로 우리가 알고 있는 역사 속 김정호의 모습 중 대부분은 창작이라고 보는 것이 옳다. 더불어 그가 만든 대동여지도(大東輿地圖) 제작에 관련된 이야기도 상당 부분 후대에 이야기가 보태지면서 전혀 엉뚱한 이야기로 변질되었다고 볼 수 있다.

지금까지 남아있는 사료들을 종합해보면 김정호는 청도 김씨 봉

산파로 1804년에 태어났고, 어린 시절부터 지도 제작에 관심이 많았던 인물로 추측해볼 수 있다. 유교가 지배하던 조선에서 지도 제작 활동에 종사했던 걸 보면 그가 중인이거나 몰락한 양반인 잔반(殘班) 출신이 아닐까란 추측도 가능하다.

그의 출신이 중인이든 몰락한 양반이든 간에 그가 지도 제작에 관심이 많았고 재능이 있었던 건 확실하다. 사람들은 김정호가 필생의 역작이라고는 대동여지도 하나만 남기고 역사 속으로 사라졌다 생각할 수 있지만, 김정호는 일생 동안 여러 개의 지도를 만들었고 이 지도의 완성판이 바로 대동여지도인 것이다. 그가 지도에 미쳐있는 지도쟁이였다는 영화에서의 표현은 역사 속 김정호의 모습 그대로라 할 수 있다.

국가에서 발행한 지도를 참조하다

그가 처음 역사 속에 이름을 남긴 작품은 바로 동여도지(東輿圖志)다. 오늘날로 치자면 각 지역에 관한 설명과 역사가 담겨있는 지리지라고 보면 된다. 이 동여도지는 이후 김정호가 만들어낼 청구도(靑邱圖)란 지도를 만들기 위한 설계도 개념으로 생각하면 이해가 빠를 것이다. 청구도 이후에 만들어낸 지리지가 바로 여도비지(輿圖備志)다. 동여도지에 빠져 있는 평안도 편이 수록된 지리지다. 그리고 이 여도비지를 만든 다음에 만든 지도가 바로 동여도(東輿圖)다.

일반인들에게는 생소하겠지만 동여도는 당시 우리나라에서 나온 지도 중에서 가장 정밀한 지도였다. 대동여지도를 판각해 찍어내기 전에 만든 프로트타입, 테스트타입 버전의 지도라고 해야 할까? 이 동여도 다음에 만들어진 지도가 바로 대동여지도다.

어쩌면 김정호의 인생은 대동여지도란 마스터피스(Masterpiece : 필생의 역작)를 향해 쉬지 않고 달린 것이라 할 수 있다. 그 사이사이 수많은 자료를 모았고, 답사를 통해 실측해 시험판이라 할 수 있는 지도들을 만들었으며, 이 지도들을 모아 만든 것이 바로 대동여지도다. 그렇다면 이 대동여지도는 정말로 김정호가 실측해서 만든 지도였을까?

위인전에 나와 있는 김정호와 대동여지도에 관한 이야기에서 꼭 빠지지 않고 등장하는 것이 '김정호가 대동여지도를 만들기 위해 백두산을 3번이나 답사했다'라는 건데 이는 신빙성이 떨어지는 주장이다. 물론 지도를 만들기 위해선 실측이나 답사가 전제되어야 한다. 그러나 김정호가 조선 팔도를 방방곡곡 돌아다니며 실측했다고 하는 것은 무리다. 김정호의 대동여지도는 조선 성종 때 만들어진 신증동국여지승람(新增東國輿地勝覽)을 참조해 만들어졌다. 이 말인즉슨, 김정호는 조선 정부가 발행한 지리서를 참조해 지도를 만들었다는 것이다. 이는 다시 말해 정부의 허가나 지원, 아니 최소한 박해는 받지 않았다는 의미다.

상식적으로 생각해봐도 지도는 국가 통치의 기본 수단이다. 자신의 영토가 어디까지고, 그 영토 안의 도로가 어떻게 만들어져 있고, 그곳의 백성들 숫자는 얼마나 되는지 알고 있어야 통치가 가능하다.

당장 세금을 걷고, 국가 행정망을 유지하고, 병사를 징병하기 위해서
알아야 할 기초자료인 것이다.

만약 전쟁이 터진다면 전쟁 수행을 위해서도 꼭 필요한 게 지도
다. 누구보다 가장 절실하게 지도가 필요하고, 지도 제작을 할 수 있
는 여건을 가장 완벽하게 조성할 수 있으며, 전문 인력이 가장 많은 것
도 국가다. 그렇기에 가장 믿을 수 있는 것 역시 국가가 발행한 지도
다. 따라서 김정호가 국가에서 발행한 지도를 참조하는 건 당연했다.

정부 발행 지도와 함께 김정호가 주로 참조했던 것이 바로 가장지
도(家藏地圖)다. 가장지도가 뭘까? 쉽게 말해서 지역 유지들이 만든 지
도라고 보면 된다. 지역 유지들은 자신들이 소유한 임야나 땅에 대한
권리를 증명해야 하기 때문에 개인적으로 지도를 만들어서 보관했다.
또한 재산 관계를 증명해야 했기에 정부가 발행한 지도 못지않게 정
확도를 자랑했다. 오늘날로 치자면 등기부 등본을 개인이 직접 만들
었다고 해야 할까?

따라서 김정호의 대동여지도는 그때까지 만들어진 지도 자료들을
모두 수집해 만들어진 것이라 할 수 있다. 물론 최소한의 실측이나 답
사는 했을 것이다. 그러나 개인이 실측과 답사만으로 전국 규모의 지
도를 만든다는 것은 불가능에 가깝다. 그 증거가 대동여지도다. 지리
정보가 많은 삼남지방(三南地方 : 충청도, 전라도, 경상도)과 경기도 지역의
정보는 충실한 편이지만 북쪽으로 올라갈수록 정확도가 떨어진 이유
또한 그쪽 지리에 대한 정보가 부족했기 때문이라고 추측할 수 있다.

조선의 지도 중 가장 정밀한 지도

그렇다면 대동여지도는 완벽한 지도였을까? 분명한 사실은 인공위성이 나오기 전까지 실측에 의해 만들어진 완벽한 지도란 건 절대 있을 수 없었다. 지도란 것은 오류를 품을 수밖에 없는 존재다. 대동여지도 이전의 지도도, 대동여지도에도 오류는 존재할 수밖에 없었고, 실제 오류도 있었다. 그럼에도 불구하고 대동여지도가 그때까지 나온 지도의 오류를 최소화했다는 건 인정해야 한다. 대동여지도 자체가 그때까지 나온 지도들을 참고해 오류를 수정한 최종 수정본이라는 걸 잊지 말아야 한다. 김정호 자신도 죽을 때까지 대동여지도의 오류를 찾아 수정작업을 했던 걸 보면 오류 자체를 완전히 없앨 수는 없었다고 추측할 수 있다.

이 대목에서 궁금한 것이 우리가 상식처럼 알고 있고 영화에서도 표현된 당시 권력자들(우리들의 상식으로는 흥선대원군)이 김정호를 탄압하고 대동여지도를 불태웠다는 이야기가 사실이었는가 하는 건 의문이다.

결론부터 말하자면 이는 거짓이다. 그 증거가 바로 대동여지도다. 대동여지도를 찾아서 다 불태웠다면 지금 박물관에 있는 대동여지도는 어디에서 나온 것이겠는가? 상식적으로 지도 제작에는 엄청난 자금과 노력이 소요된다. 이를 개인이 다 충당할 수는 없다. 당시 김정호도 최성환(崔瑆煥)이나 신헌(申櫶)과 같은 이들로부터 자금 지원을 받았다. 만약 대동여지도가 국가 안보에 위협을 끼쳤거나 권력자의 심기를 건드렸다면 이들에 관한 처벌 기록이 남아있어야 한다. 그러나《조선왕조실록》이나《승정원일기》 어디에도 이들을 처벌했다는 기록은 없다. 이는 일제강점기 시절 일본이 우리 민족의 자긍심을 무너뜨리기 위해 조직적으로 퍼뜨린 거짓말이다.

김정호가 조선 팔도를 몇 바퀴나 걸어서 만든 지도는 아니지만, 그때까지 나온 조선의 지도 중 가장 정밀한 지도가 대동여지도였다는 사실에는 변함이 없다. 물론 몇몇 곳에서 오류가 보이고 근대 서양의 지도 제작 기법으로 만든 지도와 견줘 그 정밀도가 떨어질 순 있겠지만, 우리 민족의 자긍심을 일깨워줄 정도의 역작이라는 사실은 변하지 않는다. 괜히 민족의 자긍심을 고취하기 위해 역사에 이야기를 덧칠한다고 김정호와 대동여지도가 더 빛나는 건 아니다.

지도 제작의 필요성

조선의 지도는 초기에는 정부 주도로, 후기에는 민간 주도로 제작되었다. 국가 건국 때부터 중앙집권적 관료체제를 추구했던 조선왕조는 정부 주도의 지도 제작에 나섰는데 이는 국가의 세수 확보와 통치, 군사적 용도로 활용하기 위해서였다. 특이한 점은 지도 제작을 전문으로 하는 정부 부처를 따로 두지 않았고, 지도 제작 프로젝트가 시작되면 정부 부처 내에서 인원을 차출해 제작에 들어갔다는 것이다.

조선 후기에 들어서면 민간에서도 지도 제작에 들어가는 경우가 많았는데 주로 정부 제작 지도에 접근이 쉽고 지도 제작에 관한 지식이 있는 사대부와 유학자들 중심으로 이루어졌다. 이렇게 민간에서 지도 제작에 나섰던 이유는 지도를 통해 학습과 감상, 그리고 생활을 하기 위해서였는데 대표적인 사용처는 관광용이었다. 조선 후기에 이르면 문인들을 중심으로 금강산 유람이 유행처럼 번졌는데 이때 필요했던 것이 바로 휴대용 지도였다.

사극으로 읽는 한국사

초판 1쇄 발행 2017년 11월 21일
초판 2쇄 발행 2020년 6월 22일

지은이 이성주
펴낸이 이범상
펴낸곳 (주)비전비엔피 · 애플북스

기획 편집 이경원 차재호 김승희 김연희 이가진 황서연 김태은
디자인 최원영 이상재 한우리
마케팅 한상철 이성호 최은석 전상미
전자책 김성화 김희정 이병준
관리 이다정

주소 우)04034 서울특별시 마포구 잔다리로7길 12 (서교동)
전화 02)338-2411 | **팩스** 02)338-2413
홈페이지 www.visionbp.co.kr
이메일 visioncorea@naver.com
원고투고 editor@visionbp.co.kr
인스타그램 www.instagram.com/visioncorea
포스트 post.naver.com/visioncorea

등록번호 제313-2007-000012호

ISBN 979-11-86639-67-2 (03900)

· 값은 뒤표지에 있습니다.
· 잘못된 책은 구입하신 서점에서 바꿔드립니다.

「이 도서의 국립중앙도서관 출판시도서목록(CIP)은 서지정보유통지원시스템 홈페이지(http://seoji.nl.go.kr)와
국가자료공동목록시스템(http://www.nl.go.kr/kolisnet)에서 이용하실 수 있습니다.(CIP제어번호: CIP2017028920)」